EL CONDADO MÁGICO, MÍTICO Y MISTERIOSO

UN VIAJE A LAS TIERRAS DE PONTEAREAS, AS NEVES, MONDARIZ Y SALVATERRA

SANTIAGO *PAZHÍN*

www.condado-magico.guiaburros.es

EDITATUM

Diseño de cubierta: © Marta Villarín (EDITATUM)

Maquetación de interior: © EDITATUM

Primera edición: mayo de 2024

ISBN: 978-84-19731-69-2

Depósito Legal: M-10812-2024

IMPRESO EN ESPAÑA/ PRINTED IN SPAIN

Te invitamos a registrar la compra de tu libro o *e-book* dándote de alta en el **Club GuíaBurros,** obtendrás directamente un cupón de **2 € de descuento** para tu próxima compra.

Además, si después de leer este libro, lo has considerado útil e interesante, te agradeceríamos que hicieras sobre él una **reseña honesta en cualquier plataforma de opinión** y nos enviaras un *e-mail* a **opiniones@guiaburros.es** para poder, desde la editorial, enviarte **como regalo otro libro de nuestra colección.**

Sobre el autor

 **Santiago Lorenzo Sacco,** *Pazhín,* es naturópata y profesor de yoga. Director del CEYSI en Vigo desde 1984. Lleva más de 40 años como investigador, conferenciante y difusor de los misterios y tradiciones de lo que denomina «Galicia Mágica: la otra Galicia». Desde 1978 viene difundiendo este concepto en los diferentes medios de comunicación y en conferencias. En 1980 fundó la "Agrupación Galicia Rutas Mágicas" como promotor de "Turismo Mágico–Cultural". En los años 80 y 90 organizó y dirigió diversos simposios sobre "La Galicia Mágica y Tradicional", contando con la colaboración de personajes ilustres de la cultura gallega como don Fernando del Riego, don Antonio Fraguas, don Carlos Casares, don Hipólito de Sá o don Filgueira Valverde, prologuista de su obra *Galicia Mágica. La herencia olvidada* publicada en 1991, (actualmente en PDF en www.yogaceysi.com). Es director del programa *Encuentros en la medianoche* desde 1985, actualmente en www.radionove.gal. En esta misma colección ha publicado *Guíaburros: Cómo superar el estrés y la ansiedad.*

Índice

"La experiencia más hermosa que podemos tener es el **misterio.** *Es la emoción fundamental que se posa en la cuna de la verdad y de la ciencia verdadera. Quien no la conoce y no se puede maravillar vale tanto como un muerto, y tiene los ojos ensombrecidos".*

Albert Einstein

Al buscador de la Verdad, recordarle las palabras ocultas de Jesús en el Evangelio gnóstico de Tomás: "Que quien busca no deje de buscar, y cuando encuentre se turbará y maravillará". "Porque no hay nada oculto que no haya de ser revelado".

Introducción

El propósito de esta guía

La extensa comarca del Condado ha sido habitada por hombres del Paleolítico, oestrimnios, celtas, romanos, suevos, visigodos o templarios en el transcurrir del tiempo. Su rico patrimonio mágico-cultural es tal, que resulta imposible incorporarlo en esta breve obra introductoria. En ella he seleccionado únicamente algunos de los lugares más interesantes de esta sacrosanta tierra, relegando otros muchos para futuros trabajos.

Como investigador, escritor, comunicador y promotor de lo que denomino: "Turismo Mágico-Cultural", te adelanto que no es una guía turística clásica, ni histórica, ni arqueológica, sino una aproximación al mundo mágico y misterioso del arcaico pasado del Condado. Su contenido aporta una idea diferente a la académica establecida. Más bien te expondré "La Otra Historia"; la mágica, insólita, misteriosa, enigmática, oculta, secreta, sagrada, eterna, profunda y desconocida. También de carácter herética y heterodoxa (como el autor), que invita a analizarlo todo por uno mismo, buscando tus propias respuestas. Así descubrirás símbolos y claves ocultas que contienen un secreto mensaje escrito en piedra. O que las iglesias o capillas suelen ubicarse sobre enclaves paganos, buscando sacralizar sus antiguos cultos o lugares mágicos y sagrados como: montes, fuentes, ríos, bosques, árboles, piedras, cuevas... poniéndolos bajo la advocación de santos cristianos. En ellos, nuestros ancestros no realizaban sacrificios humanos sangrientos, sino la observación de los ciclos constantes de la naturaleza y los astros, viviendo en armonía con la Madre Tierra, en contacto con sus invisibles energías y con las entidades etéricas invisiblemente presentes en la naturaleza. También descubrirás que muchos mártires, santos o milagros son extraídos de deidades o personajes precristianos, incorporándoles sus características y atributos sobrenaturales. O que muchos ancestrales mitos, creencias y leyendas paganas han sido manipuladas, adaptándolas a los intereses de los evangelizadores, imponiendo su poder sobre el paganismo, perdiéndose el relato original, pero permaneciendo su recuerdo.

Mi interés, es invitarte a recuperar las sabias tradiciones olvidadas del ancestral y fascinante pasado del Condado, viéndolas desde la perspectiva de la mentalidad de nuestros ancestros. Solo así se podrá comprender mejor su mágico mundo, aprendiendo a interpretarlo con los ojos del alma, más que con la estrecha mirada superficial del denominado hombre moderno. Solo así podremos recuperar y comprender la rica herencia cultural y espiritual que nos legaron, volviendo a sacar a la luz arcanos saberes, que intereses religiosos y de otro tipo, llevan siglos esforzándose en mantener ocultos.

Templarios en el Condado

Antes de hacer camino, matizar que desde la antigüedad, es conocida la existencia de una poderosa red invisible de corriente energética (telúrica), en la que se encuentran gran parte de los lugares más sagrados del planeta. Es conocida como: el "mágico paralelo 42", cuya extensión entre paralelos es de unos 111 km. Dentro de él se encuentra el ancestral "Camino de Santiago", pero, también todo el extenso territorio del Condado. Otro matiz de importancia, es conocer la presencia de la poderosa y misteriosa "Orden del Temple" en estas tierras: los monjes–guerreros de manto blanco. Desde 1312 se ha tratado de borrar su huella en la historia, y uno de mis compromisos es recuperarla.

Fundada por 9 caballeros franceses en 1118 en Tierra Santa, bajo el mando de su primer Gran Maestre Hugo de Payains, su verdadera finalidad, —más allá de la historia oficial—, oculta un profundo secreto por desvelar. Más que dedicarse a defender a los peregrinos en Tierra Santa, se pasaron nueve largos años excavando secretamente en las ruinas del Templo de Salomón, en busca de ciertos objetos y antiguos textos sagrados. Lo que encontraron cambiaría para siempre la historia. A su vuelta a Francia, en pocos años se convirtieron en la Orden religiosa y militar más rica y poderosa de su tiempo. Fueron banqueros de reyes y papas. Levantaron iglesias y catedrales, —especialmente góticas—. Llegaron a tener amplios territorios y múltiples templos por media Europa. Buscaban crear una sociedad mejor, dentro de principios de fraternidad, justicia y sabiduría. Un mundo más igualitario y espiritual, comenzando por la unificación de Europa. No pudo ser. Debido a la codicia y traición del rey francés Felipe VI, la madrugada del viernes 13 de octubre de 1307, mandó apresar a todos los templarios de su reino, ambicionando hacerse con su riqueza. Con la bula papal del 3 de Abril de 1312, el papa Clemente V los condenó como herejes, aunque años después los absolvería, viendo injustificadas las terribles acusaciones creadas sobre ellos por el rey francés. Pero no desaparecieron del todo. Siguieron cabalgando "amparados en la sombra, pero trabajando para la Luz". Cuán Ave Fenix surgieron de sus cenizas, pasando a incorporarse a órdenes como la de Calatrava o Montesa en España, y especialmente, creando la Orden de Cristo en Portugal, convertido en el primer reino templario.

Si bien han estado ubicados en el Condado, de sus templos y su presencia no queda más que el recuerdo. Aunque para aquel que abra bien los ojos de la mente, podrá comprobar que todavía perviven huellas visibles de su pétreo mensaje. Como bien dice la sentencia hermética: *Los labios de la sabiduría permanecen cerrados, excepto para aquellos capaces de comprender.* Matizar finalmente que, la Orden siempre buscó asentarse en lugares de enclaves ya sagrados desde tiempos antiguos: en santuarios paganos, zonas megalíticas, castros, bosques, cuevas o montañas, o donde se mueven poderosas corrientes telúricas, o perduran leyendas y personajes misteriosos. También en lugares con recuerdos de cultos solares y a la Madre Tierra, como buscadores que eran de la sabiduría arcana de la Gran Tradición. Y aquí, en el Valle del Tea, fue uno de los lugares donde la Orden vino para quedarse. Podremos encontrarles donde haya capillas o iglesias con la presencia de santos como: San Juan Bautista (que era su patrón) o María Magdalena (su patrona), San Bartolomé, San Blas, San Julián, San Miguel Árcangel o San Jorge, entre otros. O bajo la advocación a Santa María o a Nuestra Señora, que para ellos simbolizaba la diosa Madre Tierra, (la Isis egipcia, la diosa de tez negra como lo es la sabiduría oculta, representada amamantando a su hijo Horus sobre su regazo). O donde hay o hubo imágenes de vírgenes o cristos negros o su recuerdo. O donde haya templos benedictinos, herederos de conocimientos de Arquitectura Sagrada y arcaicos saberes ocultos. O templos cistercienses y la presencia de su principal promotor: San Bernardo de Claraval. En todos esos casos debes abrir bien los ojos de la mente y del alma, porque como decía de pequeño mi hijo Eric: ¡Ahí huele a templarios…!

Ponteareas

La Comarca del Condado es conocida por su riqueza arqueológica, histórica paisajística, gastronómica y vinícola, pero lo es menos por su "Otra Historia". De la que voy a ocuparme en esta breve guía. Comenzando por **Ponteareas,** como capital del Condado de Tea, saber que fue —o sigue siéndolo—, un enclave de importancia masónica. De acuerdo al estudioso Miguel Ángel García Correa, el propio edificio del ayuntamiento oculta ciertas simbologías masónicas: "En su día, existían 33 peldaños para llegar al piso superior, —ya desaparecidos—, que es el número de los diferentes grados que un masón va escalando a lo largo de su formación iniciática […] En su interior existieron dos columnas como las que suelen presidir la entrada de todo buen edificio masónico […] La plaza del ayuntamiento es un triángulo equilátero perfecto, con su eje orientado hacia el altar mayor de la cercana **iglesia de San Miguel**, que fue construida a la inversa de lo habitual, con el altar hacia el oeste. Y además, el ayuntamiento está orientado simbólicamente hacia el solsticio de verano". ¿Casualidades? La iglesia es de finales del siglo XIX levantada sobre otra anterior, bajo la advocación del Arcángel San Miguel. Entidad muy presente en esta parroquia, como lo fue en los templos de la Orden del Temple, presidiendo tímpanos y altares desde su establecimiento en el Condado hasta su disolución. Aquí le vemos en el tímpano de la fachada principal, que pudiera proceder de alguna antigua iglesia templaria de la zona.

Igualmente surge esplendorosa presidiendo el altar mayor, resplandeciendo con su coraza de oro, como corresponde al comandante de los ejércitos de Dios, en su constante lucha contra el mal y las tinieblas. Decir que San Miguel es la cristianización del dios egipcio Anubis, el que conduce las almas al Más Allá, cumpliendo ambos la labor de pesarlas tras la muerte física, decidiendo quienes van al cielo o al infierno. Otra figura llamativa en el interior es la de Jesús de color oscuro, todavía agonizante en la cruz, que al igual que la de las vírgenes negras, solían encontrarse en los templos más destacados de la Orden. Aunque moderna, reseñar también la cruz redondeada templaria que porta el Jesús del Sagrado Corazón tras su cabeza. Pero si hablamos del Temple, no podía faltar la presencia del promotor y protector de la Orden: San Bernardo de Claraval, representado en una vidriera. Aunque también la de San Benito, órdenes la benedictina y cisterciense (junto la franciscana) con las que el Temple fraternizaba desde su inicio.

En el **Museo de Ponteareas** se pueden apreciar diferentes restos relacionados con lo mágico. Por ejemplo, un petroglifo de los muchos existentes en la Comarca, e interesantes objetos hallados en el cercano castro de Troña. Entre ellos una estela con varios brazos, conocida como: "esvástica exaceles"; muy similar a la forma de algunas galaxias espirales, que para los celtas representaba los ciclos solares, de la creación o de la vida, la fuerza vital, o la transformación constante de la evolución del alma. Aunque también se utilizarían relacionadas con símbolos de protección y energetización de sus viviendas. Añadir una curiosa labra, —posiblemente castreña—, con un grabado espiral en su círculo superior, símbolo mágico desde el Neolítico. En la sección de la Edad Media nos encontramos una fascinante sorpresa. Se trata de una enorme pila bautismal de procedencia desconocida. Tiene 11 arcos de medio punto de diferentes tamaños en todo su perímetro, siendo su impresionante diámetro interior 1,33 m de altura y un por medio de 0,45 de fondo. Por sus dimensiones, se ajusta a la práctica del bautismo de inmersión horizontal vigente durante el siglo XII al XIV, (o arrodillados), queriendo ver en ello el rito de tránsito del bautizado a la vida eterna. A su lado se encuentra otra algo más pequeña pero igualmente impresionante, de 0,77 cm de diámetro interior y 0,37 de fondo. Al encontrarnos en tierra templaria, en ellas pudieron celebrarse ritos de purificación, como era habitual antes de la iniciación de admisión a la Orden. También pueden verse restos de la que hubo en la ermita de Santa Leocadia, que visitaremos. Hay parte de una lauda sepulcral con un grabado de dos huellas de plantillas de calzado. Recuerda a las misteriosas y herméticas laudas de la iniciática iglesia de Santa María a Nova, en Noia, o las de Santa María de Baiona, talladas en sus muros y arcos. Nada que ver con el gremio de zapateros, sino con el secreto lenguaje de los símbolos, dirigido a quienes conocían "el lenguaje hermético de los maestros canteros".

En el barrio de **Angoares,** como refleja el topónimo "Mosteiro", existió un monasterio benedictino ya conocido en 1229. Siglos atrás, hubo una villa romana y sobre ella un monasterio visigodo, que junto al cenobio de Santa Leocadia fueron los más antiguos del Condado. Igualmente se encontró en la zona una jamba de estilo castreño, y un sarcófago medieval hoy desaparecido. Actualmente solo queda la actual iglesia de "San Pedro de Angoares", la más destacada del Condado, repleta de una extensa simbología clásica del románico. Para su interpretación, hay que tener presente que las gentes del Medievo eran analfabetas, siéndole transmitidas las ideas y advertencias religiosas simbólicamente, en tímpanos, capiteles y canecillos. Iglesia única en Galicia por su planta de cruz latina y ábside cuadrado, más típico de construcciones de índole prerrománico, suevo o visigodo. Recuerdo de ello es la interesante lápida incrustada horizontalmente en la fachada exterior norte, cerca de la puerta de la sacristía. Aunque muy desgastada, todavía puede verse una gran cruz esvástica dentro de un círculo. El templo tiene la tradicional orientación del ábside al este y la entrada al oeste, siguiendo la trayectoria habitual del sol en su descenso al inframundo. Este hecho busca alinear la cabecera hacia el Naciente, para recibir los primeros rayos del sol con el rostro de los fieles hacia la Luz venida de Oriente, del Cristo. Aunque en realidad, todos los templos desde la remota antigüedad, —incluidos los dólmenes—, se orientaban del mismo modo. Añadir que bajo el altar de los templos benedictinos, cistercienses o templarios, (o en un determinado punto), suelen cruzarse corrientes electromagnéticas, (*líneas Hartman* o *lineas Ley*), generadas por ríos subterráneos o fallas geológicas. Por lo que bien pudiéramos encontrarnos sobre uno de esos "lugares de poder", donde ya el hombre neolítico, romano, suevo o celta ubicaban sus templos sagrados, reutilizados por el cristianismo. Al observar la insistencia en Galicia de cristianizar muchos dólmenes con el nombre de San Pedro, (tal vez al ser la piedra de la Iglesia Católica), tampoco descartaría la existencia de un dolmen en la zona hace miles de años.

En la fachada sur del atrio se encuentran lo que queda de tres lápidas con interesantes simbologías, pudiendo proceder de alguna necrópolis. Ya que es sabido que en 1850 se pavimentó el suelo del templo, retirándose las losas sepulcrales existentes. En una de ellas hay un báculo, símbolo de poder religioso o de un maestro constructor. En otra, un ajedrezado o bandas jaqueladas heráldicas. Y en el tercero flores de lis, símbolo de perfección, de pureza, de nobleza, de lealtad, del árbol de la vida, de la resurrección, de la divinidad que ilumina… También relacionada con sabios o alquimistas míticos como Hermes Trimegistos, utilizándose dentro del hermetismo como culto ceremonial a los dioses. Para los templarios representaba la Trinidad. Pero uno de sus secretos más guardados añade algo misterioso: que en su tiempo, en Francia, ese símbolo rememoraba nada menos que a "María Magdalena", la discípula predilecta de Jesús, a quien tenían como su cabeza piramidal los esenios, los primeros cristianos gnósticos y los propios templarios.

El templo sufrió muchas reformas. Entre otras: se tapiaron las puertas laterales, se abrieron dos ventanales, se trajo el altar mayor de Canedo (retirándolo en los años 60), y en 1900 se hizo la sacristía actual, comunicándola con el presbiterio, y se eliminó el pórtico original levantando la torre campanario… Con ello se cambió por completo la estructura original del templo.

En cuanto al significado de sus fascinantes canecillos tienen diferentes interpretaciones, dado que no solo portan un mensaje religioso, sino también hermético. Decir que en la Edad Media, la Iglesia era rigurosa con sus fieles, manteniendo constantes amenazas con el infierno o prohibiciones en su prédica, (porque para la Iglesia todo era pecado). Pero ¿qué pecados representan por ejemplo: capiteles geométricos, espirales o vegetales? Los más llamativos representan toneles o cabezas de diferentes animales (toros, carneros, perros…). Hay un posible hombre sentado enseñando un enorme falo. Dos extrañas figuras que pudieran ser aves sin cabezas, con grandes garras y un desproporcional falo, (uno hacia arriba y otro hacia abajo). Sobre los canecillos de imágenes sexuales grotescas decir que, en iglesias celtas irlandesas representan a la diosa de la creación y la destrucción. Hay una figura de un hombre pensativo absorto viendo al cielo. Otra pensativa, pero más bien apenado sosteniendo su cabeza con ambas manos. Un figura con un cinturón, haciendo una acrobacia similar a la asana yóguica de la rueda. Un músico tocando la vihuela. Dos posibles monos o seres diabólicos con extraños hocicos, apoyando sus patas sobre el muro y con sus cabezas vueltas. Un lobo con algo en su boca. Un perro con una enorme lengua. Etcétera. Pero hay uno a resaltar, por el lugar donde se ubica: justo sobre la estrecha ventana del ábside. Es una pequeña cabeza representada con ambas manos tapándose la boca. Dentro del lenguaje hermético de los maestros constructores, advierte que el conocimiento que hay en el templo "no es para todos", sino solo para quienes han abierto sus mentes y su corazón a la realización interior. O como representa la figura del propio San Pedro en el centro del altar, portando la llave que abre la puerta del saber oculto del cielo y un libro cerrado. En síntesis, el lenguaje de los canecillos va dirigido a los monjes y a los fieles, advirtiéndoles de mantenerse puros y controlar los vicios, la ira o las tentaciones de lo mundano, para evitar el castigo eterno. Pero también contienen un oculto mensaje simbólico–hermético, solo comprensible para quienes buscan la luz del saber trascendente. Algo claramente reflejado en la antigua sentencia hermética del sagrado Egipto: "Los labios de la sabiduría permanecen cerrados, excepto para los oídos capaces de comprender".

Entre las imágenes, destacar la de San Pedro, San José con el niño, quien porta una cruz dorada precristiana trebolada, representando la Trinidad, y la de San Amaro. Añadir que junto lo que parece un San Juan o Jesús niño, en un esquinal de la capilla norte, me cautiva un busto de un desconocido anciano por su expresión de sabiduría y bondad. Hay interesantes capiteles con motivos vegetales, esferas y espirales de extraordinario trabajo canteril. Pero el más atrayente es el de la capilla norte. Representa a 7 personajes, que más que soldados apresando a San Pedro, —como se cree—, y sin portar arma alguna, visten faldas largas o túnicas. Más bien parecieran monjes realizando alguna ceremonia religiosa o mística, como pudiera querer indicar la extraña posición de sus desproporcionadas manos en el abdomen, en el corazón y en la zona sexual de alguno de ellos. Curiosa la forma de sus cabezas y rostros, similares a las de guerreros o deidades encontradas en castros. Y muy llamativo su interés por centrar atentamente sus miradas hacia lo alto, en cierto grado de seria sorpresa o éxtasis. A lo que hay que sumar unas pequeñas esferas sobre sus cabezas. Esotéricamente, el número 7 está relacionado con los 7 *chakras* principales, conocidos por los altos miembros de ciertas órdenes monásticas y herméticas, de nuevo como lo eran: benedictinos, cistercienses y templarios. De ser así, la curiosa posición de sus manos podría señalizar la necesidad de controlar sus emociones, sentimientos y mantener castidad. Recordemos que hay que interpretar la simbología del románico con la mentalidad medieval, y que nos encontramos en un templo religioso de búsqueda interior, de Dios, y de saberes herméticos.

Capitel de la iglesia de Angoares

Tras el altar comentar los desgastados capiteles del ventanal. En el derecha, un extraño animal con garras como dispuesto a saltar. A la izquierda, un extraño grabado en relieve, pareciendo representar un gran pez delante de una pequeña esfera, el cual, con la boca abierta se dirige hacia unas líneas espirales, o una posible serpiente, terminando en dos nuevas espirales. Bajo estos capiteles hay otros dos pareciendo más recientes. De cada uno surge lo que puede ser un felino rodeados de extraños grabados. Entre estos capiteles dentro de un arco, reflejar el curioso *Agnus Dei* de metal, descansando sobre un libro cerrado, dejando ver detrás una cruz similar a las del Temple dentro de un círculo. Algo que recuerda los *Agnus Dei* que la Orden solía ubicar en tímpanos o tejados de sus iglesias.

Cerca de allí, en **Moreira,** se encuentra el "Puente de As Partidas" (de posible origen romano), cumpliendo la antigua tradición del "Ritual de Fertilidad" —como en otros muchos de Galicia—. Este se dice haber sido construido por los *mouros.* En él, la mujer embarazada que deseaba llevar a buen término su gestación, debía acercarse al puente, a la espera de que algún desconocido le vertiera agua del río sobre el vientre. Al final, acompañado de una pequeña fiesta, se tiraba lo sobrante al río, convirtiendo a la persona o personas en los padrinos del futuro bebé. Otras leyendas cuentan ser el lugar donde se reunía un grupo de ladrones para repartirse el botín. O donde se reunían ciertos caballeros cristianos antes de emprender la lucha contra los moros. Pero hay otra respuesta más mágica que contaré más adelante.

Si hay un camposanto en el que contemplar tumbas o mausoleos masónicos en Galicia, este es sin duda el **cementerio de Ponteareas.** Ubicado en 1913 a las afueras de la villa, fue levantado en dos partes. Un camposanto católico y la denominada zona protestante, que eran aquellos considerados agnósticos, o no enterrados por el rito católico, ubicado éste último en el nivel más bajo, uniendo el desnivel por una escalera. Expondré detalles de algunos mausoleos, de acuerdo a mi estudio sobre simbología y hermetismo, y entrevistas realizadas a maestres de diferentes logias, sumado a algunos datos aportados por Miguel García Correa.

Empezando por la zona católica, la tumba de la **Familia Mosquera Caballero,** —sin ser demasiada ostentosa en adornos—, tiene forma de templo griego con columnas dóricas, que representan el poder y estabilidad del espíritu, típicas de griegos, romanos, templarios y masones. Simbolizan además las dos energías o fuerzas opuestas serpenteantes existentes en el ser humano: el *yin* y *yang* de los chinos, o el *Ha* y *Tha* de los yoguis. Para los masones son "las columnas Jakim y Boaz del Templo de Salomón", presentes a la entrada de todas las logias. Su hueco interior puede verse como el ingreso a un espacio consagrado e iniciático. Sobre las columnas se encuentra el dintel representando la Santísima Trinidad. En su interior o base, destaca el llamativo grabado de dos círculos concéntricos con un punto en el centro, reflejando en diferentes órdenes místicas o secretas: el símbolo de la eternidad.

El punto interno representa el conocido símbolo del "Ojo que todo lo ve", o "el Ojo vigilante de Dios". Es el centro del Universo, su Gran Arquitecto o Causa Primera. En su conjunto, los dos círculos y el punto manifiestan la Trinidad de cuerpo, mente y espíritu. El exterior representa la vida corporal, el interior la mente, el pensamiento y la vida intelectual, y el círculo central la vida interior y la esencia inmortal del espíritu. Es decir: el Ser Interior y su relación con lo divino. En el antiguo Egipto, un punto dentro de un círculo, por su simplicidad geométrica representaba al dios supremo Amón-Ra, dios del sol. Los masones lo relacionan con San Juan Bautista y Juan Evangelista. Igual que el Temple, al ser el Bautista el patrón de la Orden, y el Evangelio gnóstico de Juan el de mayor relevancia para ellos. El 5 también está muy presente en la masonería al guardar relación con el pentagrama (aquí reflejado en las 5 gotas bajo el pentágono). Símbolo que destaca sobre la cabeza del ángel del sepulcro propiedad de **Manuel Candeira.** En hermetismo, el pentagrama representaba el alma y el hombre realizado, o el hombre cósmico, simbolizándose en la posición de un hombre de pie viendo a lo alto, con los brazos extendidos y las piernas separadas.

Coronando el panteón de la **Familia Severo Pardo,** surge la sagrada presencia del número 3 en sus arcos y en las figuras femeninas, e igualmente el 5 sobre el espacio de la puerta. La figura de la derecha porta un reloj de arena, reflejando el irreversible e imparable paso del tiempo, el final de un ciclo, dando paso a otra nueva existencia. Bajo ella la espiral de la vida. La de la izquierda portando una

31

calavera, nos recuerda la inevitable presencia en su momento de la hermana muerte, siendo un símbolo sobre el que el aprendiz debe reflexionar antes de la ceremonia de su iniciación. La figura central y superior sujetando una cruz, está sentada sobre una esfera de piedra, representando el globo terrestre y la expansión mundial de la Orden. Sostiene también una copa o cáliz, el que debe encontrar todo buscador del conocimiento, pero: "dentro de uno mismo", como enseñaban los gnósticos primitivos, los cátaros o los templarios. Es también símbolo de lo femenino, de purificación o transmutación. Con la copa sagrada hacen su primer juramento los candidatos a la iniciación en los misterios de la masonería: "un ritual hermético de transformación para transformar".

El mausoleo de la **Familia Bugallal** recuerda a personajes como Jose Ramón Bugallal, de gran relevancia en la política española. La figura central con los ojos vendados porta una cruz y una copa. A cada lado de la figura hay dos querubines considerados guardianes de la gloria de Dios. Son similares a los genios de culturas antiguas, o los "Leones de Fu chinos", que protegían los recintos sagrados y las tumbas imperiales. Bajo ella, en los esquinales, dos figuras enfrentadas portan antorchas invertidas apuntando hacia abajo, con referencia a la muerte. Es el fin de un ciclo de vida y el inicio de otro nuevo. A la vez que de obra bien hecha y culminada en esta existencia. Con la otra mano retiran la cortina que da paso a la tumba. Posible alusión al descorrer del velo de la sabiduría oculta, que quien —o quienes— allí reposan custodiaron en vida.

Algo similar en la tumba de **los Troncoso,** en la que vuelven a surgir dos figuras de mujer. Están viendo hacia el centro, portando las antorchas hacia abajo, mientras la figura superior eleva sus brazos y su mirada hacia el cielo. En un sepulcro menos ostentoso que los demás, el de la familia **Castro Sarmiento,** bajo la cruz en lo alto y entre dos espirales, destaca con luz propia uno de los símbolos herméticos más antiguos y conocidos: el caduceo del dios egipcio Thot, convertido en el griego Hermes y el Mercurio romano. En él se encuentran entrelazadas dos serpientes. Herméticamente hablando, representan los dos canales o *nadis* energéticos, que rodean simbólicamente la columna vertebral (*ida* y *pingala*). El caduceo o bastón central es la representación de la médula espinal. En su interior se encuentra el canal energético vital del ser humano (*sushunma:* el simbólico árbol de la vida o del bien y del mal según su uso), relacionado con la poderosa energía sexual (la madre *kundalini*). Esta es la energía más poderosa latente en el ser humano, ya que permite crear vida, y a la que hay que despertar y dominar progresivamente, para elevarla hacia los tres centros superiores del ser humano (los *chakras* ubicados en la garganta, el entrecejo y la coronilla). Representados por las dos alas superiores del caduceo, simbolizan el despertar de la consciencia. Es el hombre despierto, iluminado y realizado. Es decir: el iniciado. Por tanto, a pesar de que Castro Sarmiento fuera médico, y sabiendo que la serpiente enroscada en un palo vertical es símbolo de la medicina, creo que nada tiene que ver aquí con su profesión.

En la tumba de la **familia Maximino Fontán** destacan dentro del tímpano clásicos símbolos masónicos como: el compás, el martillo o el pergamino entre otros. En lo alto una cruz muy similar a la templaria de las ocho beatitudes. Pero lo más llamativo son las dos cabezas surgidas entre ramas de hojas de plantas sagradas. La de la derecha, con los ojos cerrados, expresa un semblante meditativo y de introspección, tapándose la boca con una mano. Símbolo del secreto que ha jurado guardar. La de la izquierda, con ojos abiertos y vigilantes, manda igualmente guardar silencio con el pulgar sobre la boca. Ambos símbolos reflejando secretos que todo buen masón debe llevarse a la tumba, sin revelarlo a quien no haya alcanzado el derecho a recibirlo.

En la tumba de **Celestino Albán** surgen nuevamente símbolos clásicos masónicos: la calavera con las tibias cruzadas. Recordando la estancia transitoria por este mundo. Y el apretón de manos. Relacionado con uno de los saludos para reconocerse entre ellos. Otro mausoleo llamativo es el de **Amancio Presa,** presbítero que perteneció al cuerpo de capellanes de prisiones, además de ser colaborador en la prensa gallega. Contiene una especie de gigantesco sarcófago, apoyado sobre columnas con cuatro antorchas encendidas hacia el cielo. Alusión al conocimiento que aporta quien ilumina con su luz, los pasos del buscador de los misterios trascendentes de la vida. Es la guía invisible que nos señala el camino hacia el origen, hacia lo divino. Sobre este, otro sarcófago más pequeño está protegido por cuatro largas columnas curvadas partiendo de grandes espirales. A modo de ramas alzándose hacia lo alto. Sobre ellas se asientan vigilantes 4 querubines, culminando en lo alto una vez más, con una imagen femenina sujetando una cruz, y sosteniendo una copa, de la que surge la sagrada Hostia. Pero hay más. Sobre el sarcófago, hay una misteriosa figura masculina en estado de interiorización, y aspecto de rey u oficiante religioso medieval. Está tumbado señorialmente sobre una especie de diván, sosteniendo entre sus manos una nueva copa, de la que surge otra Hostia consagrada, que parece alzar hacia el cielo. Aquí vuelve a aparecer también el símbolo de los círculos y el punto circunscrito.

Descendiendo al segundo nivel, la joya de la corona es la primera tumba frente al portal de entrada a esta zona: la de **Manuel Troncoso Juanatey,** destacando sobradamente sobre las demás como clara tumba masónica. Es la de un republicano que murió joven, a los 38 años, en 1918, a causa de la llamada Gripe Española. Posiblemente no pudo, o no quiso ser enterrado en la zona católica. Lo que más resalta es la columna truncada. Símbolo de una vida truncada prontamente por la muerte. El manto que la cubre es un símbolo republicano. Representa la toga del poder, del conocimiento, de la nobleza. En el frontal destaca un altorrelieve de mármol blanco reflejando a una mujer tocada con un gorro frigio. Es "Marianne", la figura simbólica de la madre patria francesa desde 1792, y de los valores defendidos por la Masonería: **"Libertad, Igualdad, Fraternidad"**. Debajo hay un libro abierto que representa el conocimiento. En él están grabados principios republicanos: **Patria, Justicia, Amor, Fraternidad.** Rodeando el libro, a la derecha hay una rama de acacia. Símbolo clásico de la masonería y de otras agrupaciones mistéricas similares desde la antigüedad, como: las egipcias, griegas o romanas. Simboliza inocencia, iniciación o inmortalidad del alma. A su izquierda, la rama de roble recuerda el árbol sagrado de los druidas, que en la masonería representa la fuerza y la sabiduría. La gran piedra cuadrada frente la figura, puede representar el altar o ara masónica, existente en el salón de las logias. Se usa en determinadas ceremonias, simbolizando el punto de unión con el Gran Arquitecto Divino. También hay una cadena, simbolizando la fuerte unión que debe existir entre todos los masones,

Tumba de Manuel Troncoso Juanatey

manteniendo su juramento de honradez, lealtad y honestidad hasta la tumba, (su símbolo del guante blanco). Por ello, al final de cada reunión se realiza el "Ritual de la Cadena de Unión". En él, todos los miembros entrelazan sus brazos formando una cadena. Pero también representa su compromiso de combatir cualquier tipo de esclavitud, opresión moral, religiosa o política, o derecho a la libre expresión del individuo o del pueblo, en su lucha por la libertad social que los masones juraron defender. (Aunque no hay que ser masón para defender los mismos principios). Tal vez por ello, la tumba debió molestar a alguien, porque en el 2018, la columna truncada de mármol sufrió un atentado, debiendo repararse, pero haciéndolo de un modo aberrante.

Antes de abandonar el lugar, añadir que alguno de los mausoleos citados son obra de un personaje singular: el escultor y maestro "José Cerviño García" de Aguasantas, (1843-1922). Apodado *Pepe da Pena,* tiene en su haber un buen número de cruceros fuera y dentro del Condado. Todos ellos de doble interpretación o lectura: la religiosa y la hermética. Algo que surge al observar la clara simbología de sus obras, bien por ser conocedor de la misma o limitarse a tallar lo que quienes sí la conocían le encargaban. Por citar alguna, destacar los majestuosos cruceros de Hio, en Cangas, o el de Covelo, con estructurada simbología masónica. O el popularmente conocido como "As Cachadas", ubicado sobre el portal de una casa de labranza de la familia Fortes, en el Barrio del mismo nombre en Ponteareas, muy similar al de Hío.

Ya en **Ridadetea,** en ruta hacia la iglesia de "San Xurxo" desde el cruce de la N120, la toponimia de tres barrios salen al encuentro. Uno de ellos es: "Frades", como alusión a la presencia de monjes en la zona en el pasado. Otro: "Bernardos", aludiendo a monjes cistercienses, muy emparentados con el Temple. Y otro más hacia la zona del río: "Caballeros", posible alusión a los monjes–guerreros. Es decir: frailes y caballeros al mismo tiempo: los templarios. Un topónimo más es: "La Santa Cruz", contenido en un buen número de templos de la Orden, que oculta uno de sus secretos mejor guardados. Pero eso es otra historia. También cerca: "Barrio de Altares", pudiera aludir a reminiscencias de desaparecidos enclaves de rituales paganos. Siguiendo la desviación hacia la "Capilla de Santa Cruz", por Peitieiras, tras sortear varios caminos estrechos, aparece a poca altura sobre la carretera. En su fachada hacia el Poniente destacan dos grabados: una cruz sobre su base, y bajo ella, en otra piedra más grande, un extraño símbolo similar a la esvástica vista en la lápida de la iglesia de Angoares, que debió formar parte de algún templo más antiguo. En su interior imágenes no muy usuales como: Santa Elena (madre del emperador Constantino). Santa Lucía, con su clara palmera de mártir (pero también símbolo iniciático de inmortalidad), con la flor de lis en su túnica. Como abogada de la vista, en el campo hermético simboliza el despertar de la visión interior o de consciencia. Santa Figenia (o Ifigenia), una santa etíope "negra", hija de un rey de Etiopía del siglo I. Se representa sujetando la casa ardiendo, donde según la leyenda, los paganos pretendieron quemarla, siendo salvada del holocausto por un ángel, convirtiéndose en la protectora de los incendios. (Me pregunto si habrán traído su escaso culto al lugar los templarios). De hecho, dos pequeños cristos negros tras el altar, me llevan a reflexionar si pudo haberse venerado allí una de sus vírgenes o cristos negros. Ya en la "iglesia de San Xurxo", (San Jorge), además de santo patrón de Ribadetea, mitológicamente es el caballero matador de dragones, y liberador de princesas por ellos secuestradas en una cueva. Alusión esotérica relacionada con lugares donde se domina la fuerte energía telúrica que corre bajo tierra, sobre la que levantar capillas o iglesias favorecedoras de los estados ampliados de consciencia. Enclaves aptos para el duro trabajo del iniciado, en su lucha para vencer al malvado dragón del ego que habita en nuestro interior.

En la amplia explanada posterior de la iglesia luce llamativo un cruceiro con templete metálico. Protegido por una barandilla igualmente de metal, culmina en lo alto con la esfera de la Tierra y una cruz radiante. Obra del maestro Manuel González de Perdiz en el año 1865, contiene cuatro figuras representando a los cuatro evangelistas. El fuste está adornado con elementos clásicos de la Pasión, y en lo alto, la clásica crucifixión con el Cristo mirando hacia la gran cruz en lo alto del Picaraña. Un ángel recoge su sangre en una copa, y la Virgen al reverso del cruceiro. Lo más destacable son las imágenes de Adán y Eva en la parte más baja del fuste, junto una enorme serpiente retando hacia lo alto.

Siguiendo carretera en dirección a "San Fiz de Cillargas", en la desviación del curioso topónimo de "O Portal de Dentro", subiendo hacia los "Montes do Xinzo", en la mágica Sierra do Galleiro, donde se cree haber habitado los pobladores más antiguos del Condado. Después de un cruce a la derecha, sorteando una ascendente carretera, surge majestuoso el impresionante **Penedo A Laxe da Cruz,** cristianizado precisamente con una cruz encima. Es un imponente y largo bloque granítico inclinado, en equilibrio sobre una roca que le hace de base. Por su forma pareciera que canteros de la zona se cebaron en ella, —algo muy habitual en Galicia—, ya que debió ser más larga.

Penedo A Laxe da Cruz

De acuerdo a la tradición, suelen ser piedras donde los pueblos protohistóricos realizaban diferentes ritos: de sanación, de fecundación, de adivinación, de juicios… o relacionados con la muerte y el renacer. Nuestros más remotos ancestros creían que en lugares como bosques, montañas, cuevas, árboles, piedras, etc., moraba la divinidad o deidad poseedora de una fuerza poderosa o sobrenatural, siendo esos lugares la materialización visible del espíritu o entidad que habita en ellos. Como por ejemplo en esta roca. Para ellos, su función era custodiar esos lugares y las riquezas del entorno. Hoy en día lo vemos como absurdas creencias mágicas, leyendas, tradiciones o mitos arcaicos, pero para nuestros ancestros eran entidades reales: "el *numen* femenino del territorio". En este caso: el espíritu o elemental de la naturaleza que habita en las peñas sacras conocidas como: "Peñas numínicas", del término latino *numen*. Existiendo igualmente el espíritu o *numen* benéfico protector del poblado, del territorio, de los prados, del ganado o de las gentes…: el *numen loci*. Una especie de padre, patrono y protector espiritual de la comunidad, como garante de su bienestar y de supervivencia, en lo que también creían los romanos.

Por tanto no se veneraba a la piedra, o al árbol, o la roca, o la montaña en sí misma, sino a la entidad o *numen* que en ella habitaba. Pudiera ser que el extendido topónimo *mouro* o *moura*, se refiera en realidad a estos entes o espíritus elementales de la naturaleza, en los que tantas culturas han venido creyendo con diferentes nombres: hadas, duendes, gnomos, devas, genios, elfos, los *vaettir* nórdicos, los kodamas japoneses, los *djinns* árabes. etc. Sobre esta piedra hay una antigua leyenda. Cuenta que la llevaban sobre su cabeza la virgen o una hilandera. La más extendida narra que la posaron allí con su dedo meñique mientras hilaban, lo que recuerda a las deidades que tejen el destino de los humanos. Por ejemplo las *moiras*, (divinidades griegas creadoras, de nombre similar al de nuestras *mouras*), que hilaban la hebra de la vida y de la muerte. Curiosamente, años atrás era costumbre que, cuando moría alguien en el pueblo de Cillargas, la comitiva portadora del féretro se detuviera en aquella roca. Tal vez en recuerdo de olvidadas tradiciones arcaicas, como dije de muerte y renacimiento, y de ahí su cristianización.

Como parece ser habitual en Galicia, frente a la piedra, en lo más alto del lejano monte de: "O Lombo do Mouro", una gran roca sobresale altiva sobre otras, en la que hay talladas un buen número de cazoletas. Son inmensas rocas (como la de San Cibrán en Guláns), que pueden divisarse desde una gran lejanía, siempre en las cimas más altas, como cumpliendo funciones de puntos geodésicos de la antigüedad. Un kilómetro más arriba, en el primer cruce hacia la izquierda, a escasa distancia se encuentra una cueva natural entre dos grandes bolos graníticos. En ella hay una puerta construida con losas, un dintel, y un pequeño muro, dando acceso a un reducido recinto. Al parecer fue construida por el primer guardabosques de la sierra para guardar sus herramientas, pero como no, conocida como: "Caseta dos Mouros", o "Pedra Encantada dos Mouros". Sobre ella, una leyenda narra que sus rocas tienen un maleficio y ocultan un gran tesoro de los *mouros*. Tenido como hecho real, se dice que hace unos 90 años, Amador, el cantero de San Blas, natural de Areas, quiso volarlas con dinamita. Misteriosamente explotó antes de encenderla llevándoselo por los aires. Como resultado perdió un brazo, quedando cojo de una pierna y pérdida de un ojo. Hay quien cree que lo sucedido fue debido al *numen* del lugar. Porque al igual que hay *mouras* buenas, también hay diablos protectores de tesoros. Otras leyendas hablan de ser un lugar antiguo de rituales paganos. O que en las cercanías vivía un druida, del que quedó su recuerdo en el misterioso lugar.

De los más de 5000 castros catalogados en Galicia, o los 44 conocidos en el Condado, el **Castro de Troña**, en Pías, a unos 225 m de altitud, es uno de los más antiguos e importantes. La panorámica desde su cima es realmente impresionante, divisándose el Valle del Tea y múltiples montañas incluso de Portugal. El castro data del año 600 a. de C. pudiendo verse más de 30 viviendas circulares y parte de su muro. Sobre el porqué evitaban los ángulos en sus construcciones, parece ser debido a creencias todavía vivas en nuestra tierra, como la acumulación de malas energías de quienes las habitan (o de los malos espíritus). Mientras que en las construcciones circulares u ovaladas, se mueven energías beneficiosas de la tierra. De aquí la costumbre popular de poner recipientes con agua y sal en los esquinales de nuestras viviendas, para absorber malas energías y eliminarlas. Añadir que los restos de construcciones cuadradas o rectangulares indican ser castros romanizados. Debo decir que una impresionante pieza descubierta en el castro, denominada "torta de oro macizo", (de medio kilo), se encuentra en un cajón del "Museo de Peregrinaciones de Santiago de Compostela".

Lo más conocido del castro es el grabado serpentiforme en la cara vertical y plana de una roca: "A Serpe de Troña", orientada hacia el Naciente. Se encuentra en posición erguida como si estuviera danzando al sol. Al estar en una roca que parece tener una canaleta, hay quienes ven en ella la realización de sacrificios de sangre derramada sobre ella. Me pregunto ¿por qué suele verse a nuestros antepasados realizando sacrificios humanos a sus dioses?. ¿Acaso no podía derramarse agua, vino o leche? En otros castros con serpientes no hay ningún altar sobre ellas, y la leyenda que enseguida te cuento la relaciona con la leche. Aunque el grabado puede ser anterior a la cultura castreña, nada debe tener que ver con rituales sangrientos, sino solares, simbolizando el renacimiento de la vida.

A Serpe de Troña

A escasos pasos se encuentra una pía tallada en una piedra, con una pequeña ranura de desagüe en el borde, y cierto parecido a una pila bautismal. Arqueológicamente es definida como un recipiente para desgranar determinados cereales. La pequeña coviña y la línea recta tallada en el borde podría ser una especie de calendario solar o lunar. Además, en una de las piedras de la vivienda cercana a la serpiente, hay un grabado soliforme: "un círculo con líneas radiales", representando al sol. Posiblemente reafirmando que aquel monte era un santuario sagrado de culto solar. Ya es sabido que los ancestros protohistóricos daban gran importancia a solsticios y equinoccios. Por ejemplo, dentro del calendario mágico de los celtas se celebraban fiestas sagradas, denominadas "de estación": *Imbolc, Beltaine, Lugnasad* y *Samain,* que han perdurado hasta nuestro tiempo, aunque cristianizadas. Añadir que algunos arqueólogos piensan que los grabados serpentiformes, junto a las leyendas sobre serpientes encantadas, suelen aparecer dentro de los castros más antiguos, pudiendo ser anteriores a los mismos.

En cualquier caso, para los galaicos, la serpiente guardaba relación con la fertilidad, las energías de la tierra y las sutiles ocultas en el hombre. También pudo ser un símbolo de protección, o de cultos mistéricos de renacimiento y transmutación del hombre viejo (imperfecto) en otro nuevo (el iniciado); o del niño en adulto. Nada que ver con el maligno o satán, como la Iglesia la interpreta, buscando eliminar los cultos a tan sagrado y misterioso animal.

Por otro lado, de acuerdo a antiguas leyendas y crónicas de historiadores como Avieno, Galicia fue habitada en tiempos muy antiguos por un pueblo del que poco se sabe: los *oestrimnios,* al que dieron su nombre: *Oestriminis.* Al parecer venidos del mar en tiempos muy remotos. ¿Atlantes como los druidas…? Las mismas crónicas narran la invasión posterior de Galicia por serpientes. En realidad era un pueblo celta llegado sobre el siglo VI a. de C.: los *saefes.* Los adoradores de serpientes, quienes dieron un nuevo nombre a Galicia: *Ophiusa,* pudiendo traer como su sagrado estandarte a la serpiente al mantener cultos ofio-látricos. A partir de ahí, los *oestrimnios* debieron abandonar sus tierras o fusionarse con los conquistadores.

En Troña, una leyenda muy antigua cuenta que vivió una gigantesca serpiente, la cual solía bajar al valle para alimentarse del ganado que les ofrecían sus moradores. De este modo evitaban que no atacara sus poblados ni acabara con sus animales, ofreciéndoles uno cada día para evitar males mayores. Pasados los años, hartos de la situación, un día programaron un plan. Recolectaron gran cantidad de lana dándole forma de oveja, dejando una larga cuerda en una de sus extremos. De ese modo, cuando la serpiente se tragó la lana no tuvieron más que seguir la cuerda y llegar a su guarida. Esperando a que se durmiera, los más valientes entraron en la cueva y la mataron. Seguidamente la enterraron en el patio de la ermita poniendo un crucero encima. Pero hay un hecho curioso. Se dice que la serpiente hablaba con las cabras pidiéndoles su leche. A cambio les ofrecía un peine de oro, dado que en realidad el animal era una *moura* encantada. Otras leyendas narran la existencia de varios pasadizos subterráneos desde el castro. Uno tiene una viga de oro que finaliza en el Tea, en: "Lugar de Portavilares", donde llevaban a beber sus caballos. Otro en: "Caldeira do Inferno", donde se oculta un gran tesoro protegido por un hechizo. Y un tercero finaliza en el castillo de Sobroso. Llamativamente, leyendas similares se dan en otras localidades gallegas, ocultando una simbología relacionada con creencias paganas, moradores subterráneos o tesoros ocultos.

Una vez más, en la cima del castro hay una capilla cristianizando el lugar: la "Capilla del Dulce Nombre de Jesús". Levantada sobre otra mucho más antigua, sorprende por su larga nave rectangular con doble sacristía y su atrio pegado a su fachada oriental. Tres espirales a cada lado rodean la puerta del pórtico, desconociendo si pueden proceder de piedras pertenecientes al castro. De acuerdo a la tradición, se cuenta que bajo su altar hay un camposanto de *mouros*, y un gran tesoro enterrado con un telar y herramientas de labranza de oro. Se encuentra vigilado por una mujer muy hermosa, que se aparece delante de la capilla sentada sobre una roca, peinando sus cabellos con un peine de oro. En ocasiones acompañada de una enorme serpiente. La otra versión dice que el animal es la propia *moura*, cambiando su peine de oro a quien se acerque por leche, lo que lógicamente oculta un significado simbólico o metafórico. Destaca también una trabajada cruz tallada en una pequeña roca, ubicada en la subida del viacrucis. Por él ascendían tiempo atrás los romeros el tercer domingo de enero y el 6 de Agosto. Junto a la iglesia hay un interesante crucero también obra de José Cerviño. Su tronco piramidal invertido contiene cuatro ángeles soportando a todas las figuras: el Cristo crucificado y todavía vivo viendo hacia el cielo. A sus pies una mujer llorando, caballos, ganado y guerreros portando lanzas.

En la falda del castro se encuentra la iglesia de **Santa Mariña de Pías,** como todas las del Condado muy reformada. En ella debo resaltar haberme encontrado con insólita representaciones iconográficas no existentes en ninguna otra iglesia del Condado. Pero primero remarcar la curiosa imagen de madera del siglo XVIII en el altar mayor: "Santa Ana enseñando a leer a la Virgen". Le acompaña Santa Mariña, San Telmo, Santa Lucía y San Antón.

Ana enseñando a leer a María

En la capilla sur la del "Dulce Nombre de Jesús", (otro Cristo de tez oscura crucificado, que es el que sube al castro en su fiesta), enfrente de la más venerada: la de San Benito. Pero es el retablo de la capilla norte imitando al mármol, lo que deseo destacar, desconociendo su antigüedad y procedencia. Para empezar, hay dos imágenes sobre repisas, que consultando a varios párrocos ninguno supo identificarlas, pudiendo haber sido esculpidas en Portugal. De acuerdo a mí investigación, la de la derecha debe ser la "Reina Santa doña Isabel", representando el milagro de convertir el pan en rosas que lleva sobre sus manos y el manto. La otra imagen a la izquierda, de hermoso rostro juvenil, sujeta una pequeña palma y flechas sobre el pecho, pudiendo ser "Santa Filomena" (que significa hija de la luz). De serlo, apoya su mano en la parte superior de un ancla (hoy desaparecida) con la que fue martirizada.

Santa Mariña de Pías

Su leyenda cuenta ser hija de un rey griego convertido al cristianismo, al que el poderoso emperador Diocleciano declaró la guerra, por lo que su padre viajo a Roma para hacer un pacto con él, acompañado de su hija de 13 años. Al ver a Filomena, el emperador le ofreció un pacto de paz si le entregaba a su hermosa hija como esposa. El compromiso fue aceptado, pero sin el consentimiento de la niña, alegando haberse ya desposado con Jesús a quien había ofrecido un voto solemne de virginidad. El emperador enfurecido la mandó encerrar en un oscuro y frío calabozo atada de pies y manos, dándole solo pan y agua. Al resistir el cautiverio fue atarla a una columna y azotada, regresándola a su celda para que muriera desangrada.

Viendo que sus heridas se curaron milagrosamente, mandó atarla a un ancla de hierro al cuello y tirada al río Tíber, pero fue salvada por un ángel. Ordenó entonces ser atravesada con flechas calentadas al rojo vivo volviendo a salir ilesa, por lo que terminó decapitándola. Hechos que por supuesto nunca existieron, y si la santa existió, su fantasiosa leyenda fue inventada para promover la conversión de nuevos creyentes. —como sucedió con otros muchos mártires—. Decir que a la santa en algunos países latinoamericanos se la considera relacionada con el Temple, similar a la joven y virgen mártir "Santa Úrsula" que murió a flechazos y de la que se dice que el Temple tenía su cabeza como reliquia. Algo enigmático a destacar de las pinturas del retablo es lo siguiente: una es: "La Verónica" portando el rostro de Jesús en un velo. La otra, una mujer muy similar a "María Magdalena", con su largo cabello castaño-rojizo y un cráneo en sus manos, que en el terreno heterodoxo es un personaje directamente relacionado al Temple. Según el párroco, la escena pintada entre ambas mujeres es: "Jerusalén". Nada menos que el lugar del inicio de la Orden del Temple. Pero hay otra imagen en esa capilla de un conocido santo arquetípico templario: "San Cristóbal", simbolizando la dura y difícil misión de Cristo en la Tierra. Demasiada presencia templaria como para pasarlo de largo. Pero ¿qué representa en realidad el retablo?, ¿qué oculto mensaje trata de transmitir, si es que hay alguno como sospecho?

Sumado a lo anterior, sobre el techo de la capilla, en la dovela central hay un corazón rodeado de entrelazados de once nudos y siete espadas clavadas, y alrededor cuatro pinturas murales: Jesús apresado, otra sufriendo martirio y otra cargando la cruz. La cuarta justo sobre el retablo oculta un enigma que enseguida comento. En relación al corazón, no conozco iconografías que representen a Jesús con siete flechas en su corazón, pero sí a la Virgen de los Dolores. Representa los siete momentos de mayor dolor que sintió en su vida, especialmente durante el llamado Triduo Pascual, relacionado con la Pasión, Muerte y Resurrección de Jesús. Sin embargo, aquí no se representa su muerte ni resurrección, sino que la cuarta pintura parece reflejar un largo velo. A simple vista parece querer ocultar lo que hay detrás, dejando ver a un personaje con algo en sus manos, una escalera y otros rasgos difusos. Pero ¿y si no fuera un corazón lo que aquí se representa, (al estar presentado a la inversa), sino... una lengua muda ante el misterio que se oculta tras el velo y no debe ser revelado. Un misterio que el Temple protegía... Pero es historia para otra ocasión. Solo añadir que en una de las losas del pavimento frente al retablo (la única grabada en la capilla), hay un símbolo similar al del infinito ocupando toda la losa, nada que ver con los números en lápidas de la otra capilla. No creo que sea casualidad... Finalmente invitarte a visitar en el cementerio del atrio un mausoleo más tallado por el bueno de *Pepe da Pena,* con similitudes al de la "Familia Severo Pardo" en el de Ponteareas. Dejo los enigmas del lugar a tu propio criterio.

En la parroquia de **Guláns,** en la cumbre del "Monte San Cibrán", a 430 m de altitud, se encuentra la capilla del mismo nombre, rodeada de inmensas rocas graníticas.

Es otro enclave sagrado desde muy antiguo, cristianizado una vez más con un viacrucis y la "Capilla de San Cibrán", sobre los restos de un antiguo castro y los de un templo galaico-romano. Frente la capilla, un descomunal bolo

Ermita de San Cibrán

granítico de más de 40 m de diámetro forma el límite entre Ponteareas y Salceda de Caselas: "O Penedo Grande". Es otra de esas moles pétreas que se ven desde lugares muy lejanos del valle, tal vez cumpliendo la función de dividir territorios en el pasado, divisándose desde un área de 50 km. Muy importante debió ser para afirmarse que hasta el mismísimo apóstol Santiago predicó desde algunas de estas rocas. En la subida desde el pueblo, no lejos de la capilla, en: "Coto de Porras" se encuentra el llamado: "Penedo Pé de Porras". Su forma de dolmen natural o no debió llevarle a ser utilizado por los hombres beolíticos o castreños. La romería de San Cibrán, (o Cipriano), al ser el último domingo de mayo y el 16 de septiembre, puede guardar relación con fiestas del calendario estacional pagano. Cuenta la leyenda que este santo de Antioquía predicó allá por Vilanova y la Isla de Arousa. Siendo anciano y ya enfermo peregrinó a Santiago para pedirle al apóstol su curación. Al pasar por "Sobradelo" descansó bajo un roble (árbol sagrado para los druidas), rogándole a la Virgen: "¡Nuestra Señora, líbrame de esta angustia!". A lo que la Virgen le contestó: "¡Ve tranquilo Cribrán que quedas bajo mi mano!". Al momento sanó, erigiendo una capilla en el lugar como agradecimiento. Añade la tradición que al morir el santo, con la madera de aquel roble se hizo la imagen que se venera en la capilla de "Sobradelo, en Villagarcía. Llamativo observar como la gran mayoría de los lugares con capillas del santo, suelen estar ubicados en robledales, pudiendo indicar enclaves druídicos cristianizados. Matizar que nuestro santo, antes de serlo fue meigo o hechicero pagano, conocedor del mundo de las ciencias ocultas, iniciado en los misterios de Mitra, Orfeo e Isis, capaz de hacer llover o detener tormentas, o relacionado con encantamientos y el poder de eliminar hechizos y trabajos de magia negra (atributos adjudicados a los druidas). Por ello los romeros acuden a sus capillas para curar el *meigallo*. También se le atribuye la autoría de un grimorio, conocido como: *Libro de San Cipriano*. (Libro de contenido mágico y encantamientos).

Un lugar documentado con presencia templaria es el antiguo Barrio de **San Miguel de Canedo,** donde posiblemente hubo un castro. Sus siguientes moradores fueron la Orden del Temple desde su fundación, teniendo allí iglesia y convento, hasta que tras su disolución en 1312 sus posesiones fueron donadas por la Corona a Payo Sorreda de Soutomayor en 1386. De acuerdo a estudiosos como Claudio González o Ávila y La Cueva pudo ser un castillo–convento, ubicado en el solar del actual de "San Diego de Canedo", levantado a su vez sobre el pazo donado a los franciscanos en 1715 por Diego Sarmiento de Soutomaior, conde de Salvaterra. Aunque también pudo estarlo en la zona de Villasobroso o de Arcos. De su convento dice una leyenda que había una gruta que conectaba con la Picaraña, y que de existir estará bajo el actual convento o su solar. Como anécdota histórica, decir que en dicho pazo nació Agustina Sarmiento, una de las meninas del inmortal cuadro de Velázquez.

Cerca de allí, en la parroquia de **Arcos,** se encuentra la iglesia de "San Breixo de Arcos", totalmente reformada en 1762, donde los templarios tuvieron un convento y una iglesia, a la falda del Picaraña. En el "Barrio A Igrexa", por el camino detrás del cementerio de Arcos pueden verse todavía extraños símbolos, como un desgastado escudo pétreo en la pared de una casa. Tallado en él hay una Cruz de San Andrés, adornada con cuatro rosetas de cinco triángulos en sus esquinales y seis la del centro, y en el alto de la zona existió una capilla dedicada a Santa María. La iglesia se encuentra entre viejos olivos y castaños, protegida hacia el Poniente por tres grandes cruces. Nada queda de la iglesia templaria más que algunos fragmentos empotrados en su fachada. Y en el atrio, bajo una gran losa que hace de mesa, otra piedra más pequeña tiene tallado un amplio semicírculo en relieve con un círculo central. La cruz paté grabada en el exterior no es original, además de estar pintada con muy mal gusto de color negro, en lugar del rojo.

Ya en el interior, nos recibe la tosca imagen pétrea del santo, extraída de la hornacina del pórtico. Un primer enigma surge en la fachada norte. Es una imagen pétrea aparecida al retirar la cal. Está insertada en el muro. Totalmente pulida a ras del mismo, oculta para siempre su identidad. Me pregunto por qué y a quien representaría.

Iglesia de San Breixo de Arcos

Está claro que es una mujer por la melena, pareciendo tener una corona y sentada a modo de una virgen sedente pero ¿por qué se incrustó en el muro? ¿Quién, cuándo y por qué la mutiló? ¿Tal vez por ser una imagen templaria del desagrado de la Iglesia? Otra evocadora e interesante imagen es la de "San Antonio abad, (popularmente San Antón) protector de los animales. De 1,30 de altura, sujeta su clásico bastón con forma de Tau, (la última letra del alfabeto hebreo con forma de T mayúscula). El mismo símbolo lo lleva en el hombro izquierdo, junto al corazón, donde los templarios lucían su cruz.

San Antón de Arcos

Como santo cristiano nacido en el siglo III en Egipto, su nombre siempre me recuerda al de Atón, el dios egipcio de la justicia, la bondad infinita y el orden cósmico, impuesto por el enigmático faraón Akenatón a su pueblo, como el único dios verdadero. Aunque, verle representado como un anciano con un sayal, capucha, larga barba y su habitual bastón, también hace surgir la imagen del clásico sabio druida cristianizado. Considerado el padre de los eremitas, su "Orden Hospitalaria de San Antonio" estuvo hermanada con la del Temple. Tal vez de ellos absorbieron la Tau conociendo su valor simbólico. Cruz utilizada también por los franciscanos, cuya orden igualmente fraternizaba con el Temple desde el principio, compartiendo la Tau y la cruz de la "Orden del Santo Sepulcro".

En su mano izquierda cerrada sostiene lo que pudo ser parte de su clásica campanita, teniendo la derecha abierta hacia arriba. En ella centra su mirada como viendo un libro, pero que aquí está ubicado a sus pies, igual que el tradicional cerdito. De acuerdo a la leyenda, siempre le acompañaba, al haber salvado a sus jabatos, de donde debo matizar que entonces no era un cerdo sino un jabalí, que junto al oso, eran los animales sagrados de los druidas. Al soler representarle con una sencilla túnica marrón en señal de pobreza, se hace algo inhabitual observar el ostentoso hábito y capa que viste. Otra leyenda narra que el demonio le tentaba en su cueva transformado en un cerdo y otros animales. Y otra que los cerdos de su hospital andaban sueltos por el pueblo con campanitas colgadas al cuello. El motivo era avisar a los vecinos de su presencia, solicitando echarle algo de comer, volviendo más cebados para alimentar a los enfermos. De otra leyenda surge el ser invocado para ayudar a encontrar los objetos perdidos, pues según se dice, un religioso que huyó del convento con un libro del santo, tras orar San Antonio para recuperarlo, al momento el monje apareció para devolverlo. De aquí, realzar que al ser el alma nuestro tesoro más perdido, pudiera ser que en lugares donde se encuentre el santo, debamos abrir mente y corazón poder recuperarla.

En cuanto a San Breixo, nombre de origen celta (Verísimo, que significa el muy cierto), fue un mártir lisboeta, especialmente venerado en la Gallaecia y Lusitania, por lo que bien pudiera estar cristianizando a una deidad celta o lusitana. Como todo mártir fue torturado. En su caso con azotes, láminas de fuego y clavos. Fue arrojado a las fieras para ser devorado, pero las alimañas respetaron su cuerpo. Lo hundieron en el mar y éste lo devolvió a la orilla, terminando por decapitado. Decir que la historia del poder y milagros de los mártires pretende resaltar el poder que aporta la fe a los creyentes. Suele representársele como aquí, joven, con un libro generalmente cerrado y una palmera, a veces con el báculo de peregrino. Extrañamente carece de festividad en el calendario martirologio, siendo otro de esos que recuerdan a los druidas. Añadir que por su capacidad de favorecer la producción de leche en los animales, o en las mujeres durante el período de lactancia, a veces se acompaña con la "Virgen de la Leche".

Subiendo la carretera hacia el **Monte da Picaraña,** comienza una fascinante ruta hacia los misterios de otro monte sagrado y devocional desde tiempos inmemoriales. Aquí hubo asentamiento paleolítico y neolítico, además de dos poblados castreños. Curiosamente, el monte está rodeado por diferentes iglesias del entorno, como queriendo señalar su sacralidad, conteniendo múltiples rocas cargadas de leyendas y formas fascinantes. La primera que surge es la imponente "Pena do Equilibrio", (o Pena do Capón), ante la sorpresa de todo aquel que la contempla. Desde hace miles de años, la inmensa mole granítica se mantiene estática e inclinada en perfecto equilibrio, sostenida por unos centímetros sobre otra en el suelo, desafiando la ley de la gravedad. En el pasado, —como otras similares de nuestra tierra—, pudo haber cumplido la función de "piedra adivinatoria". Una especie de oráculo utilizado por los sacerdotes celtas en su papel de jueces, para demostrar la inocencia o culpabilidad de un acusado, de acuerdo a sí podía o no moverla. De aquí ser conocidas también como "Piedras abaladoiras, oscilantes o cabaladas". De hecho, se dice que se mueve sola, ya que dejando una botella bajo ella, volviendo días después se la encuentra rota. Sea obra de la naturaleza o no, es demasiada casualidad encontrarme otras muchas similares por toda Galicia.

Pena do Equilibrio

Dejándola atrás y dirigiéndonos hacia la cima, a pocos metros aparece a la izquierda "A Pena do Monxe", debido a su parecido a un monje con capucha orando fervorosamente. Más adelante, surge el descomunal bolo granítico de "Pena da Caixa", pareciendo flotar sostenido por rocas más pequeñas, y formando una amplia cueva, debiendo haber sido un enclave de rituales mágico–religiosos en tiempos neolíticos y castreños. Posiblemente relacionados con sanaciones, como: el "Penedo do Tangaraño" de Barbadás, en Ourense, al cual se entra por un hueco y se sale por el otro. También con cultos de muerte y renacimiento, especialmente en fechas sagradas como el 31 de octubre. Ese día, portando ofrendas para los difuntos, el ritual consistía en penetrar por una de sus aberturas y salir por la otra, permitiendo conectar con los antepasados, al unificarse esa mágica noche este mundo con el de Más Allá. Algo muy conocido por ejemplo en: "A Porta do Alén", en A Lama. Aunque otros ritos hablan de salir del recinto purificados por el *numen* del lugar, en la "Ceremonia de Paso". Lo que está claro, es que estas aberturas entre las rocas no pasaron desapercibidas para nuestros ancestros. Añadir que en el monte existe un senderismo conocido como: "La Ruta dos Penedos". En él existen muchas más rocas de llamativas formas.

Llegando a la primera cima del monte, volvemos a encontrarlo cristianizado con la presencia de la "Capilla de la Santa Cruz". Levantada en 1907 seguramente sobre otra más antigua, destaca por su curiosa forma y su color blanco. Frente a ella, un viacrucis de los años 50 lleva hacia una cima más alta, culminando en el "Penedo da Cruz". En su cercanía, frente a un bloque que semeja ser un gigantesco dado granítico, está el "Penedo do Pelouro", y frente a él, una extraña piedra a ras de suelo con forma de gigantesca concha. Es el "Penedo da Pía", llevando a recordar las piedras sacras donde pudieron realizarse ritos de fertilidad. O donde recogían agua de lluvia para alguna ceremonia sacra. Subiendo hacia la cima más alta por detrás de la capilla, surge la entrada a una gruta excavada bajo una roca adentrándose en la montaña. Taponada con tierra y arbustos desde hace mucho tiempo imposibilita investigarla. De acuerdo a la leyenda, pudiera ser la que comunicaba con el antiguo convento templario de Canedo, o con el castillo de Sobroso.

Ascendiendo hacia la roca de la cima de 387 m de altitud: "La Pena de Anduriña", caminamos por una estrecha subida entre inmensas peñas y alguna que otra cueva en ellas, culminando en escalones tallados en la roca. Allí se dice que existió el "Castillo da Picaraña", levantado por el enigmático don Pedro Álvarez de Sotomayor, conde de Camiña, apodado *Pedro Madruga,* por su costumbre de emprender batalla al canto del gallo, buscando coger desprevenidos a sus enemigos. Aquí lo levantó para vigilar a su archienemigo Diego Pérez Sarmiento del castillo de Sobroso. Sobre este sin par personaje, según historiadores como Alfonso Philippot, se cuenta ser la misma persona que el mismísimo almirante Cristóbal Colón. Dejo tan interesante misterio para otra ocasión. Ya en lo alto de la roca, cuenta una leyenda que en ella o en uno de sus peldaños, un caballero cristiano llegó hasta allí huyendo de los moros. Viendo imposible escapar, prefirió lanzarse al vació con su caballo antes que ser capturado. Entonces sucedió un milagro. De un salto, el noble corcel fue a posarse en la falda del monte burlando a sus enemigos, pero dejando allí la huella de la herradura.

Desde ese alto rocoso se divisa un amplio paisaje, pero lo que interesa observar es otra cosa: la perfecta huella de un pie izquierdo tallado en ella, con los dedos orientados perfectamente hacia el Naciente y el talón al Poniente. Arqueológicamente hablamos de un *podomorfo*. De ser así, y de acuerdo a tradiciones nórdicas, celtas, o incluso suevas, se usaba dentro del ritual de coronación de un nuevo rey, viendo hacia el Naciente y colocando su pie en el hueco, para ser tan fuerte como la roca. Lo cierto es que debió ser importante, ya que se cristianizó como la huella del pie de Jesús o del apóstol Santiago. Esto es debido a que el cristianismo se esforzó en eliminar todo recuerdo pagano, inventándose mil y una leyendas, para borrarlos de la memoria del pueblo. De hacer caso a la historia, por disposición del rey suevo Hermerico, en el 409, (el fundador del primer reino independiente dentro del imperio Romano en Hispania), los reyes de Gallaecia tenían que ser coronados según costumbres germánicas de la época, subidos a la roca más alta de una montaña.

Volviendo a descender a la carretera principal, cruzándola se llega a la presencia de otro imponente monumento pétreo conocido como: "Pena dos Namorados", ubicado en una zona que fue asentamiento del Paleolítico y la ubicación de un castro. Impresiona ver el conjunto de inmensas rocas graníticas superpuestas. Tres gigantes pétreos perfectamente ordenados y apoyados sobre una roca semienterrada, forman uno de esos fascinantes dólmenes que nos encontramos en otros rincones del planeta. No hay que olvidar que el propio Manuel Murguía comentaba

en su época, que antiguamente el monumento era conocido como un gran dolmen megalítico. Desde el suelo
más inferior, su altura es de más de 15 m de altura —desde
la que el conjunto es igual o más impresionante—. La
inmensa mole de piedra plana que hace de techo de unos
25 m de largo es conocida como: "El Caballero". Su peso
de unas 450 toneladas, —sobre la que existió una cruz—.
Está sostenida inclinada apoyada sobre otra más pequeña
de forma ovalada, denominada: "A Dama". Esta a su vez,
en perfecto equilibrio, se asienta con otra más pequeña
enterrada y que ni siquiera es plana. Pero hay más pistas.
La forma perfectamente plana del hueco interior entre las
rocas, y su nombre popular es conocida como: "A cama",

Pena dos Namorados

recordando las piedras cristianizadas como: "Camas do
santo". Al sumarle el nombre de las otras peñas: la Dama
y el Caballero, parecen dejar claro la verdadera finalidad
del lugar: ritos ancestrales relacionados con la fertilidad,
conocidas como: "Peñas fecundantes", muy extendidas

desde el Neolítico y en época prerromana. Como ejemplo de las tradicionales camas pétreas, citar la del Monte de San Guillermo, en Finisterre, o la de San Julián en el Monte Aloia, en Tuy. La tradición cuenta que a ellas acudían las parejas a cohabitar, o solamente la mujer para ser fertilizada por la piedra.

Como investigador del misterio y lo sobrenatural desde hace más de 42 años, he comprobado como hace más de 6000 (o 12 000 años), diferentes pueblos del pasado levantaron monumentos sin ningún medio técnico a su alcance, que todavía nos asombran. Y mucho más impresionantes que los aquí comentados. Dentro del Neolítico basta nombrar: "Stonehenge" en Inglaterra. O el "Dolmen de Menga" en Antequera, Málaga, con un corredor de 27 m, 6 de ancho y 3 de alto, soportando una losa de más de 180 t., alineado curiosamente con una montaña denominada como aquí: "Peña de los Enamorados". O el gran "Menhir de Er Grah" en Bretaña (hoy partido), de 20,60 m de altura y 280 t. Y qué decir de las ciclópeas piedras de Baalbek en Líbano. Una de ellas con el curioso nombre de: "Piedra de la mujer embarazada", relacionándola nuevamente con la fertilidad. Su longitud es de 21 m y su peso 1000 t. ¿Cómo transportaron desde la cantera y levantaron hace miles de años, piedras ciclópeas sin ninguna tecnología a su alcance? ¿Y por qué no ha podido ocurrir también en nuestra tierra, y encontrarnos ante uno de esos dólmenes levantados por nuestros desconocidos ancestros? En cualquier caso, siento romper el romanticismo de la leyenda sobre los amores secretos entre Aldina, hija del señor del cercano castillo de Sobroso, y un joven de la zona llamado Tristán que termina asesinado. Pero nunca sucedió. Es el resultado de invenciones populares o deformaciones en el tiempo de hechos o leyendas muy antiguas. Leyendas similares de amores imposibles me las encuentro por toda Galicia y Portugal, pero cambiando los nombres de los protagonistas. También puede haber cumplido funciones de adivinación, de las que hay otras peñas en Galicia. El rito consistía en plantearle preguntas al *numen* del lugar, poniéndose de espaldas a la roca, y arrojar tres pequeñas piedras o guijarros hacia su cumbre. La respuesta afirmativa o negativa se daba por el hecho de quedar la piedra encima o caerse fuera. A Pena dos Namorados también pudiera estar orientada en relación a solsticios y equinoccios, a fases lunares, o hacia alguna determinada constelación. Por de pronto apunta hacia la cima del Picaraña.

No lejos de allí, en un idóneo enclave para levantar un templo aislado y en plena naturaleza, por la carretera hacia As Neves, está la iglesia de **San Estevo de Cumiar,** que también fue monasterio. En los senderos hacia el templo surgen cruces de piedra que igualmente rodean el atrio. Existen documentos de su existencia en 1170, siendo reformada en 1805 y 1970. En su muro sur, dos rosetas de 9 y 11 pétalos incustradas en él, posiblemente proceden de la iglesia románica original, debiendo guardar algún significado simbólico. Sobre la puerta norte, en la mocheta, dos cabezas enfrentadas de toros parecen vigilar la entrada, y en su fachada occidental, una piedra reutilizada incoporada al muro parece ser parte de una lápida funeraria. A saber que tumbas permanecen allí enterradas bajo tierra, y que personajes duermen su eterno sueño en ellas. En su interior hay capiteles con motivos geométricos y vegetales. Pero la figura a destacar se encuentra a la izquierda del arco triunfal. Es un extraño y prominente animal de grandes proporciones con garras de tres dedos, marcada musculatura, melena rizada, y apoyado sobre sus cuatro patas dobladas, perteneciente a algún templo anterior. Posiblemente un león esquematizado, símbolo solar o de realeza. Desgraciadamente, al igual que hizo con el

El león de Cumiar

viejo altar de madera, un párroco mandó desfigurar la cara del animal debiendo molestar sus creencias religiosas. En cuanto a los capiteles del arco triunfal, mi duda es si también los mandó repicar o es producto de la erosión, —cosa que dudo—, haciendo imposible interpretarlos. El del lado izquierdo se tiene como un personaje luchando con un animal, pero de ser así no entiendo entonces porque mutilarlo. Aunque sobre lo que a mí me parece ver mantendré el bendito silencio, ya que pudiera ser una escena amoral para el pulcro cura. El otro capitel parece reflejar motivos vegetales. En cuanto al supuesto león, en su origen pudo formar parte del pórtico románico, colocado allí en 1970 después de estar oculto en la sacristía. Al ser un animal que duerme con los ojos abiertos, solía ubicarse en la portada para proteger el templo de noche. Aunque he visto animales similares en otras iglesias, lo cierto es que en ninguna otra me encontré con un león similar. Resaltar además la apreciable espiral en relieve, grabada en la base de la columna derecha del arco triunfal, que la he encontrado en templos del Camino de Santiago, como en la iglesia de Muros, siendo uno de los símbolos sagrados de los celtas.

De nuevo hay imágenes simbólicamente interesantes. Entre otras: el franciscano San Roque, representado aquí con lo que debe ser un ángel arrodillado, curándole la herida de su pierna izquierda desnuda, —símbolo de iniciación hermética—. El perro a sus pies parece entregarle una manzana con su boca, —fruto simbólico del conocimiento—. Otra es Santa Lucía, la que abre el ojo interno de la consciencia. También San Amaro o San Antón con su báculo en Tau, y la de San Benito, con el libro abierto de su regla monacal ofreciendo el conocimiento, del que no hay que olvidar, el poder concedido a su misterioso medallón protector contra todo tipo de mal. El cuervo a sus pies, porta en su pico el pan envenenado, con el que un envidioso monje quiso asesinarle. Ante el hecho, el santo ordenó al ave esconderlo donde no pudiera encontrarse para no dañar a nadie. Herméticamente es un ave que porta presagios, conocimientos secretos. Aporta la transformación espiritual a quien a él se acerca, al ser portador del conocimiento, por su conexión con lo oculto y su atracción por todo lo que brilla (como el conocimiento que es luz). También transporta las almas al País de los Muertos como representa su color negro. Estos atributos me hacen recordar al dios supremo de los vikingos: Odín, el señor de los cuervos, representado con un báculo y el cuervo. El pan simbólico que lleva en su pico y que debe ocultar, analógicamente representa el peligro de que la luz (el conocimiento) caiga en manos de quien no merezca recibirla.

En cuanto a San Estevo (Esteban), siempre de acuerdo al santoral cristiano, fue el primer mártir del cristianismo, muerto por lapidación. Se suele representar joven, sin barba, con una pequeña iglesia, un incensario o un libro, y la clásica palmera de los mártires. Pero de todas las imágenes de la iglesia, destaco una muy pequeña representando a la Virgen de la Misericordia. Se haya sujetando al niño ya crecido con su mano izquierda, y portando una especie de cetro en la derecha, (símbolo del poder celestial y terrenal), de la que surge lo que semeja ser la flor de loto de las columnas egipcias, (símbolo de renacimiento). Curiosamente, la Virgen y el Niño son de color oscuro. El rostro de la Virgen con sus ojos muy abiertos, parece reflejar un semblante de asombro ante algo que contempla. A sus pies, bajo las tres cabezas clásicas de querubines, hay una representación que nunca había visto en la iconografía de esta Virgen. Es lo que parece una gigantesca salamandra, herméticamente criatura de lo oculto y reveladora de los secretos del espíritu y de la búsqueda interior. Un símbolo de la pureza, la transformación e inmortalidad del alma, y del fuego alquímico purificador. El anfibio parece mirar fijamente a un hombre tumbado, aparentemente dormido, o con expresión de encontrarse en un profundo estado de éxtasis. Tiene una mano en el corazón y otra sobre un oído, como queriendo recordarnos la importancia de parar la mente y escuchar al corazón. De estar en lo cierto sobre esta figura, pudiera haber pertenecido a la iglesia templaria original.

Virgen de la Misericordia de Cumiar

Cerca de Cumiar se encuentra **Guillade,** parroquia que vio nacer a su propio bardo, el trovador del siglo XIII: Xoan García de Guillade, quien llevó su música y cantos por tierras de Portugal donde vivió y murió. En un documento del siglo X se refiere la existencia de dólmenes, como el denominado "Mamoa Longa", que se sumaría a la importante necrópolis megalítica, limítrofe de Guillade con Mouriscados, en "Campo do Mouro". En los montes de esta parroquia hay una importante riqueza en petroglifos, y posibles menhires utilizados como marcos de términos. O castros sin excavar como el de "Castromao". Cercano al mismo, a más bajo nivel, en "A Encostada", en pleno castro existió un pequeño convento o cenobio suevo, el de "Santa Leocadia", del que solo quedan sus cimientos (de difícil localización si se desconoce cómo llegar). Es el más antiguo de la Comarca, como mínimo desde el año 963. Todavía pueden verse restos de lo que pudieron ser las humildes viviendas de eremitas o monjes, regido según documentos por el abad Pelagio. O ser antiguas casas de la parroquia de Santa Leocadia que existió hasta 1528. Detrás de una de ellas, entre la maleza y el musgo, surge lo que puede haber sido un lagar rupestre compuestos de dos pías excavadas en la roca. Posiblemente pertenecientes al castro o al cenobio, en las que se debió extraer vino o aceite. Son realmente grandes y hondas, ocupando 10 m². A su lado hay un monolito cilíndrico de unos 50 cm de altura y 15 de circunferencia. Contienen dos grabados en sus lados (un círculo y una especie de gancho), y una cruz en su parte superior. En su iglesia de

"San Miguel de Guillade" surge nuevamente este santo de advocación templaria. La actual del siglo XVIII está totalmente reformada y ubicada sobre el lugar de otra anterior, en un importante cruce de caminos y zona de paso en tiempos medievales. A escasos metros se encuentra la "Capilla de San Gregorio", primer monje en ser Papa y en respetar los templos paganos redificándolos a Dios.

La iglesia de **Santa Cristina de Bugarín** está ubicada en un alto de la parroquia, siendo una de las que rodean el Picaraña. En su interior, entre otras hay imágenes de San Bartolomé, de Santa Bárbara o la de la santa Cristina, representada con la clásica palmera y un libro abierto. Es otro de los enclaves donde hubo una capilla o iglesia templaria, (como afirman entre otros el Licenciado en Historia J. M. Buján García), y como parece querer demostrarlo la cruz que corona el ábside, procedente del templo románico, similar a la de la capilla de San Pedro de Mondariz–Balneario, que visitaremos. Añadir también la cruz templaria que existió en el retablo de madera hoy desaparecido. Históricamente se dice que la iglesia románica perteneció a la encomienda de Malta o Sanjuanista de Beade, en Ribadavia, pero sabemos que Beade también perteneció con antelación al Temple, y que tras su disolución en 1312, muchos de sus templos fueron donados a los sanjuanistas. Más abajo, en el "Lugar de Camondes", conocido como: "Iglesia Vella" hubo una iglesia muy antigua, de la que solo quedan escasos vestigios. De ahí se extrajeron sus piedras e imágenes, levantando la capilla de San Sebastián en el lugar donde actualmente está la de Santa Cristina. Todavía puede verse en su interior la imagen del santo y un curioso Cristo de marfil, como los que solían tallar los artesanos templarios. A pocos metros del campo de la Iglesia Vella hay una casa, que según me comentan algunos vecinos perteneció a la Santa Inquisición. Frente a ella, empotrado en el muro de otra vivienda, puede verse lo que debió ser su blasón, ya que refleja dos símbolos utilizados en sus escudos. Una espada a la derecha de la cruz, (simbolizando la persecución de los herejes), y una rama de olivo a la izquierda, (simbolizando la reconciliación fruto del arrepentimiento, (aunque promovida por medio de torturas inhumanas y anticristianas). Pero hay más. El mismo escudo o blasón vuelve a aparecer semioculto, bajo la mesa que forma parte del crucero del atrio de la iglesia. Igualmente curiosa y de interpretación desconocida es otra piedra mucho mayor, añadiéndose al enigma del lugar. Se halla empotrada en la fachada principal de una antigua casa de obras, a unos metros de la iglesia. Pudiera ser el blasón de un comendador sanjuanista o la heráldica personal del inquisidor. El blasón tiene tallado una especie de bastón culminando en lo alto con una cruz ovalizada dentro de un círculo, que suele representar el movimiento del ciclo constante de la vida. Pero, dejando volar la imaginación, si en lugar de concentrar la atención en los cuatro óvalos, lo hacemos en los huecos entre ellos, curiosamente veremos surgir la cruz paté del Temple. El báculo está dentro de una V muy abierta, formada a su derecha e izquierda por dos lanzas con la punta hacia arriba, formando una W. Nuevamente queda abierta la puerta a toda especulación.

En cuanto a Santa Cristina de Bolsena, —natural de Italia—, es una de esas santas de dudosa existencia. Parece demostrarlo la repetida tendencia del inagotable martirologio católico de crear mártires poseedores de milagrosos poderes. En este caso, sobreviviendo a clavarle ganchos de hierro, meterla en un horno, en un pozo con serpientes, o lanzándola a un lago atada a una roca. Así hasta morir decapitada. Lógicamente nada de ello ocurrió. Por otra parte, la santa tiene una relación directa con la conocida "Fiesta del Corpus Christi" en Ponteareas, y sus alfombras florales. La primera representación de las mismas sucedió en Leija, Bélgica en 1247. De acuerdo a la tradición, 16 años más tarde, sucedió que mientras un sacerdote celebraba la misa en la ciudad de la santa, se produjo el hecho milagroso de romperse la Hostia consagrada brotando sangre, dando un impulso definitivo a su celebración. Es posible que al llegar su culto a Bugarín en el Medievo, se comenzara a celebrar en esta parroquia. Pasado el tiempo se crearían las alfombras florales en el antiguo "Camino de los Frades" (la actual carretera N120, tal vez sobre una antigua calzada romana), terminando por centralizarla en la villa de Ponteareas.

Otra iglesia cercana es la de **San Cibrán de Paredes**, (de nuevo el hechicero). Está ubicada en O Picouto, en la ladera del Monte Laredo, reformada sobre una capilla o iglesia románica que existió en 1113. A su vez sobre un templo romano, como indican los restos allí encontrados. De la original románica debe proceder la hermosa y simbólica cruz antefija colocada en el tejado oriental de la nave. En ella destaca una cruz patada templaria unificada con cuatro lazos en su interior. Bajo ella, un canecillo inusual: la cabeza de una cría de oveja. En su fachada norte han perdurado otros de cabezas de animales, y uno muy curioso con una cara sonriente, que pudiera haber pertenecido a un templo precristiano. Curioso también el solitario grabado en la fachada sur en forma de una hoz. En el interior perdura el arco triunfal del siglo XIII. A la entrada hay una hermosa pila bautismal románica con forma de pirámide truncada, puesta a la inversa parece imitar una vieira. Sobre ella la imagen de una no menos hermosa talla blanca de la Virgen del Carmen. En sus dovelas, una cruz dentro de un círculo y una roseta o flor de seis pétalos elípticos (hexapétala), también conocida como "la rosa o flor de la vida". Un símbolo universal de la inmortalidad del alma. Destacar otro signo lapidario solitario en el muro sur, dentro del espacio del altar, bajo una ventana. Se tiene como una ballesta medieval, aunque cuando aparece aislado, dentro de la "Arquitectura Sagrada" suele tratarse del símbolo que marca la proporción del templo, puesta en un plano, casi idéntico, por cierto, a grabados en petroglifos como los de la cercana "Gargamala".

Otra iglesia para mí claramente templaria es la de **San Salvador de Padróns** del siglo XIII. Reformada en 1858 se ubica en un entorno en el que se respira espiritualidad. Rodeada de olivos, castaños y viejos caminos invita al recogimiento. De su origen románico solo quedan cuatro arquivoltas con rosetas, y en su portada las tres columnas con capiteles vegetales a cada lado de la entrada, sus dos mochetas con dos ángeles portando su mensaje, y la imagen de Santa Bárbara. Otra santa que ya hemos visto en otras iglesias muy cercana al Temple, atribuyéndosele poderes sobrenaturales, como esconderse de sus perseguidores dentro de una peña que se abrió para ocultarla, (posible analogía de quien sabe penetrar en los misterios de la piedra). Fue atada a un potro, flagelada, desgarrada con rastrillos de hierro, colocada en un lecho de trozos cortantes de cerámica y quemada con hierros candentes, hasta ser decapitada por su propio padre. Hechos una vez que nunca sucedieron y santa igualmente de dudosa existencia. ¿Quién no conoce aquello de: "acordarse de Santa Bárbara cuando truena"? De aquí invocarla cuando surge un problema difícil de superar o cuando hay tormenta. En realidad es otro "arquetipo universal" (a modo de la mitología griega), o una cristianización de una deidad pagana.

En la fachada occidental hay piedras con marcas circulares, y en la sur un buen número con el símbolo de una P, una E o círculos con cruces. Una de ellas con una V bajo una pequeña cruz. Son "marcas de cantero", pero suelen encerrar claves para quienes sepan interpretarlas. En el muro oriental hay tallada una cruz solitaria y tres cruces unidas bajo la ventana. También algunos restos de la iglesia románica empotrados en la fachada, como una pequeña piedra con forma de semicírculo. Hay más en los muros este y sur del atrio rodeando el templo, junto grandes piedras planas que en su tiempo pudieron ser losas de tumbas. De hecho, frente el pórtico, de entre la hierba surge parte de una lápida con dos adornos espirales, y lo que parece ser una pequeña cruz templaria. Me pregunto ¿qué encontraríamos en el atrio si se excavara? Un poco más al fondo, otra lápida de difícil interpretación, deja entrever lo que parece un lazo y una pequeña cabeza en su interior. Pero lo más importante destaca en la fachada principal. A la izquierda de la portada, en la segunda hilera desde el suelo, hay una piedra de la que surge muy desgastada: ¡la cruz patada del Temple dentro de un círculo! La misma que volvemos a encontrarnos más definida en el interior de la iglesia, en la misma fachada a la izquierda. Sin duda es una iglesia templaria.

Cruz templaria de San Salvador de Padróns

Al fondo se encuentra el retablo del altar mayor, traído en 1835 del convento franciscano de Agrelo, en Redondela. A su izquierda, sobre la puerta de entrada a la sacristía destaca un amplio arco de la iglesia original. En el centro de las borrosas pinturas del arco triunfal, resalta otro conocido símbolo: el triángulo del "Ojo que todo lo ve".

Luce expectante rodeado de 21 o 22 rayos, y 5 flores negras ovaladas de 4 pétalos por todo el arco. De entre las imágenes del templo, destacar una que bien pudiera proceder de la iglesia del siglo XII o XIII. Es la imagen de la Virgen con el Niño. Se encuentra dentro de una hornacina de la fachada norte bajo una concha, vestida con los clásicos colores herméticos y cabalistas rojo y azul. Su mirada

Virgen con el Niño de San Salvador de Padróns

como perdida o expectante, portando en su mano izquierda lo que podría ser la habitual granada en su mano izquierda (símbolo de muerte, resurrección e inmortalidad del alma). Con la otra mano sujeta al Niño sobre su regazo, quien a su vez sujeta un libro cerrado, del que hay que resaltar la enorme desproporción exagerada de sus pies. Quizá alegoría de lo mucho que hay que andar para encontrar y acceder al libro del conocimiento. Añadir además un San Antón con su báculo en Tau y un San Benito entre otras.

Otra iglesia interesante que nos lleva a recordar la presencia del Temple en el Condado es la de San Miguel de Riofrío. Reformada en 1815, el único vestigio románico del siglo XII conservado es una hermosa y simbólica cruz antefija situada sobre el tejado de la sacristía. Representa la cruz patada griega o templaria, (aunque también pudiera ser visigoda) superpuesta con la de San Andrés. Ambas insertadas en un círculo y un pequeño cuadrado perforado en el centro. En el interior hay de nuevo imágenes arquetípicas como: San Amaro, San Benito, San José y el Niño o San Lorenzo, al que asaron en la parrilla, (simbolizando la cristianización de enclaves con cultos solares). Posiblemente la más antigua y enigmática es "A Virxen da Leite", gótica del siglo XV, cuyo culto es de los más antiguos de la cristiandad desde el siglo IV. De nuevo con los alquimistas colores rojo y azul, está amamantando al Niño. Recordar que es la representación de la Isis egipcia, la Gran Madre, pero en esta imagen hay algo extraño a destacar. Es lo que parece ocultar en su mano derecha, ya que para verlo hay que acercarse y agacharse ante la imagen. Es de forma oval y no seré yo quien diga lo que me parece... Pero hay algo más. ¿Sabías que en esta iglesia se encuentra el demonio más feo del mundo? Está bajo el pie de San Miguel presidiendo el retablo mayor. Se le representa de color rojo con grandes cuernos, echando la lengua, y tratando de acertar al arcángel con un hacha. Sin embargo, el que sale en la procesión (guardado en la sacristía), más que dar miedo hasta cae simpático, como si de un Gremlich bueno se tratara.

Detalle de la mano de la Virgen

El demonio de Riofrío

Demonio que sale en la procesión

A 2 km se haya el impresionante "Puente de Cernadela" de origen romano, con sus 70 m de largo. El actual es del siglo XVI careciendo casi de su forma original, aunque quedan vestigios de la calzada que hasta él llegaba. Es otro de los que mantiene la tradición de los ritos de fertilidad. Aquí la gestante acudía el sexto mes a la cumbre del puente a media noche, y en luna nueva. Igualmente con familiares a cada lado, entregaba agua del río a la primera persona que lo cruzara. Esta debía derramársela sobre el vientre repitiendo la frase ritual del bautismo cristiano. Terminada la ceremonia todos comían y bebían lo que había traído, sin poder quedar ninguna sobra, o tirarlas al río. Por tradición, la persona que derramó el agua se convertiría en padrino o madrina de la criatura al nacer. Una antigua leyenda relata que una mujer cruzando el puente en avanzado estado de gestación, sintiéndose mal, se desplomó sobre las losas sin que nadie pudiera levantarla. Llamando a un eremita muy apreciado en la zona, bajó al río y recogió agua en su vasija derramándosela sobre el vientre de la gestante, al tiempo que pronunciaba: *In nomine Patris, de Filie et de Spiritu Santi. Amén.* Al momento se puso en pie continuando su camino. Días después dio a luz a un niño al que puso por nombre Cernadelo. También pudo haber presencia templaria, al ser quienes tenían los medios financieros y constructivos para levantar o reformar antiguos puentes romanos, y en los que cobrar impuestos por su uso. Las viejas casas de piedra a un lado del mismo pudieron tener ese uso o el de posada para los viajeros.

Mondariz / Mondariz-Balneario

En el Monte Landín, la silueta del **castillo de Sobroso** se alza altiva a 334 m de altitud en un promontorio rocoso, sobre un antiguo castro y las ruinas de un castillo anterior del siglo X. Desde allí se divisan más de cincuenta aldeas de Galicia hasta la frontera portuguesa. Es la única fortaleza que, aunque reformada en diferentes épocas, sobrevivió al paso del tiempo, a pesar de ser arrasado por el propio Almanzor, y posteriores asedios de Pedro Madruga o los Irmandiños. Estando en él la reina doña Urraca en 1117, fue asediado por los partidarios de su hermanastra Teresa, infanta de Portugal, contándose que huyó por un pasadizo hacia el río Tea o al Picaraña.

Entre otras leyendas que enseguida te cuento, hay una muy sugerente. Nada menos que a este castillo vino a casarse por carta o personalmente, en 1282, a los 21 años, el mismísimo don Dinis I, rey de Portugal. Lo hizo sin conocer a su esposa de 12 años, la infanta doña Isabel de Aragón, que sería conocida como la Reina Santa. Aunque se cuenta lo mismo de la "Capilla de San Pedro en Mondariz-Balneario". Su relación con el Temple es indudable. Cuando en 1307 el rey francés Felipe IV mandó eliminar a los templarios, fue el único monarca en darles protección y cobijo en su reino. No solo eso. Además creó una orden nueva en 1309 para acogerles: "la Orden de Cristo", a la que donó grandes territorios y castillos. Orden que un siglo después, se convertiría en la promotora de la "Era de los Descubrimientos Marítimos de

Portugal". Aunque la historia quiere ver la boda de don Dinis en la iglesia portuguesa de San Bartolomeu de Trancoso, queda este nuevo enigma por descifrar.

Resumo ahora tres mágicas leyendas recogidas por Emilia Pardo Bazán. Una refiere la del mozo asombrado ante la visión de una hermosa doncella, sentada en las almenas, peinando su larga crencha rubia con un peine de oro, a la puesta del sol. Esta le ofreció darle oro a cambio de traerle manzanas. Cumplida tal petición, pero desobedeciendo la advertencia de no pensar en aquel tesoro por el camino hasta llegar a su casa, al abrir la bolsa para verlo se convirtió en carbón. Otra narra la existencia de unos salones subterráneos bajo los cimientos del castillo, llegando a *Couto Redondo;* un *castro* donde afirman existir una catedral de oro puro, y un ejército de gigantes custodiándola. Y una más romántica, del peregrino que tras pedir asilo en una noche de invierno, partiendo el conde a luchar contra los moros, termina teniendo un idilio con la condesa Floralba. A su vuelta y enterado de la traición, la expulsa del castillo, muriendo al cabo de los días de hambre y de frío. Desde entonces, al sonar la media noche su alma se aparece en la Torre del Homenaje, gimiendo e implorando piedad, llamando en vano a los portones del castillo.

Desde la puerta del castillo, bordeando su entorno, una carretera lleva a 2 km a la **Capilla de Santa Tecla** en Pías, a unos 700 m del Castro de Troña. Pasando el "Barrio A Ermida", un camino ascendente a la izquierda lleva a otro de esos lugares mágicos inmersos en plena naturaleza, donde se encuentra la capilla protegida entre dos viejos robles. Antiguos caminos recuerdan lo sagrado del lugar en el pasado, y los desconocidos rituales que los pobladores prerromanos celebrarían en él. Es sabido que existió otra capilla mucho más antigua, como indica una llamativa piedra pulida de gran tamaño empotrada en su muro. Mandada tallar al parecer por un obispo llamado Ramiro. En ella hay una inscripción en escritura desproporcionada con grandes letras, pareciendo ser latín antiguo. A pocos metros, una cruz de piedra se alza sobre una roca. A su alrededor se celebran ritos de sanación de niños el último sábado de cada mes, pudiendo ser una reminiscencia de ancestrales ritos del paso de niño a adulto o algo similar.

La pequeña capilla de **San Pedro de Mondariz-Balneario,** del siglo XIII, está levantada una vez más sobre algún templo precristiano, en el corazón de un mágico bosque, conteniendo piedras sacras y a la orilla del río Xabriña. Frente su entrada, en el muro del reducido atrio, una tosca y pequeña cruz de piedra con Jesús crucificado, parece protegerla. Pero lo más destacable es la clara cruz templaria sobre el tejado, similar a la de "Santa Cristina de Bugarín". Más abajo, a escasos metros, surge llamativo el "Dolmen-cruceiro de As Pedras". Para mí claro altar protohistórico levantado por manos neolíticas o prerromanas. Se compone de una gran piedra apoyada sobre otras más pequeñas. Demuestra haber sido importante en su origen, al haberse cristianizado no con una gran cruz de piedra, sino con tres. Pudo haber sido un altar sobre el que sacerdotes paganos, —neolíticos, druidas o hasta priscinialistas—, celebraban sus rituales sagrados, ya que sobre ella hay tallada una pequeña pila rectangular de 22 x 30 cm, coviñas, y algunos grabados posiblemente cristianos. La fecha 1700 en la roca reseña la restauración de sus cruces.

Altar

Ya en el bosque del **Gran Hotel Balneario de Mondariz**, cerca de la capilla de la Virgen del Carmen del siglo XIX, pueden verse interesantes restos del antiguo "Monasterio de Casteláns", perteneciente a Covelo. Destacan sus adornados ventanales, un hermoso arco triunfal, y pintorescos capiteles románicos con interesantes simbologías, traídos posiblemente de la iglesia templaria de Padróns, o la de San Miguel de Riofrío. De ellos resaltar la cabeza de un ser fantástico con orejas largas, como los de cuentos de hadas. En uno de sus laterales, surge una cabeza no se sí humana o animal, tragándose el rabo de otro animal fantástico que está debajo. En otros dos capiteles surge una cabeza asomándose entre el follaje, recordando al céltico *Greenman,* (el Hombre verde de la Primavera y la fertilidad), equiparado con el griego Dionisos. Uno de ellos apoyando su mentón sobre un león con su rabo en espiral.

Por detrás del "Gran Hotel del Balneario" en dirección al "Puente de Cruxón", tras cruzarlo y descender a pie por un camino de tierra hacia el río, disfrutando de un paseo fluvial a orillas del Tea, a unos 900 m se llega los **Pasos de Vilar.** Los vistosos *pasos* o *poldras* consisten en grandes piedras hincadas en el río de bajo caudal, intercaladas entre ellas, formando un camino que permite cruzarlo a pie.

Pasos de Vilar

Estas fascinantes construcciones pueden llegar a ser neolíticas, dado que hasta allí llegó la iglesia tallando una gran cruz en su comienzo, y enfrente, en el camino, lo que posiblemente debió ser un peto de ánimas al que le faltan las imágenes. Siguiendo adelante, a unos 750 m, descendiendo hacia una zona de grandes piedras y un corto muro, se llega a una interesante enclave con varias pías de gran tamaño y profundidad. Están talladas en la dura roca, pudiendo guardar relación con los pasos y la pesca allí realizada.

En el centro de Mondariz-Balneario comentar de pasada la enigmática finca: **Quinta do Outón,** construída por un filántropo en 1889. La época en que los masones del siglo XIX se movían por Ponteareas. Citar únicamente los herméticos símbolos en sus portalones: la estrella de 6 puntas con un círculo inscrito en el centro, y en lo alto el pentagrama mucho más pequeño. Dos columnas rodean el portalón principal con una estatua en cada una, conteniendo símbolos masónicos (similares a las del impresionante crucero de Covelo). Una representa a Hermes o el Mercurio romano portando su caduceo, representando según allí está escrito al comercio. La otra a la industria, portando una gran rueda dentada y un martillo. El mensaje personal que extraigo es: "la necesidad de que ciencia y espiritualidad se unifiquen para el progreso de la humanidad". Es decir: "ciencia con consciencia". En las verjas de sus ventanas se ve lo que parece un cáliz, y en un portal las letras A S D S y en el otro Y H. Añadir la interesante representación sobre el portal de la "Villa Serra" —frente a la gasolinera—, que hay quien se la adjudica a José Cerviño, con su extraño escudo heráldico y los dos leones protegiéndolo. Y una cosa más. ¿Sabías que en el cementerio municipal se encuentra el crucero más alto de Galicia, con 8,48 m, atribuido a Ignacio Cerviño?

Cerca de Mondariz-Balneario, a un kilómetro de la iglesia de **Santa María de Queimadelos,** se encuentra el longevo y sagrado: "Carballo da Armada". Cuenta la tradición ser plantado por el nieto de Mundrico, fundador suevo de Mondariz, convertido al druidismo con el nombre de Lambrico. El nombre del roble le viene del tiempo de Felipe II, cuando Galicia sufrió la barbarie de ser talados cientos de árboles, para construir la histórica flota naval de la Armada Invencible. Al ser el noble y gigantesco roble lugar de encuentro de diversas localidades del entorno, gracias a la rotunda oposición de sus vecinos lograron salvarlo. Incluso hoy en día, durante la masiva romería de A Franqueira, en las Pascualillas, a su paso hacia la cima los vecinos de la zona demuestran respeto al árbol, deteniéndose allí con sus santos y santas antes de proseguir camino.

El bosque es uno de esos lugares sagrados donde pueblos precristianos, como los celtas, realizaban sus rituales mágicos: un *Nemetón* (*Nemen* o *Saulo*). Son santuarios naturales consagrados por los druidas o sacerdotes paganos, para oficiar sus ritos y enseñanzas, al culto a la naturaleza, a las observaciones astrológicas y de los astros, o donde celebrar las fiestas de su calendario mágico lunar-solar, relacionado con los ciclos agrícolas de sembrar y cosechar en los cambios de estaciones. Ya los constructores megalíticos alineaban sus monumentos con los solsticios o equinoccios.

Estos lugares sagrados se ubicaban al aire libre, en plena naturaleza, en un claro del bosque generalmente de robles. Era su centro espiritual, de modo similar a los *omphalos* griegos, (ombligos del mundo). En esos enclaves, las fuerzas de la tierra y del cielo se unifican, creando un lugar de poder, haciendo surgir lo sobrenatural. En el centro del espacio solía haber un roble sagrado representando el Árbol Cósmico, lo que atraía a los espíritus del entorno, los elementales de la naturaleza: los *nemes,* entidades etéricas pero reales. Nuestros ancestros prerromanos fueran *oestrimnios,* druidas o castreños, no creían que las divinidades, los espíritus o las fuerzas de la naturaleza se manifestaran en templos cerrados, pero creaban algún *nemetón* urbano dentro del poblado principal de cada comarca. En ellos discutían los asuntos del poblado bajo la dirección de sus sabios sacerdotes. Con la llegada del cristianismo, levantaron sus capillas en esos enclaves para sacralizarlos, por lo que, generalmente, donde hay un templo cristiano hubo en el pasado otro sagrado para nuestros más lejanos ancestros. Haya o no algo de verdad en la relación de los druidas con este lugar, el Roble da Armada, debió ser el más sagrado y viejo del bosque. Posiblemente no tenga más de 500 años, o sea un retoño del plantado por Mundrico, pero en cualquier caso sigue siendo venerado, debiendo abrazarlo descalzos para cargarse de la energía vital de la tierra y del noble árbol. Además, de acuerdo a la tradición, si se cortara traería muertes, calamidades y destrucción a la zona. Decir finalmente que a unos 200 m se encuentran lo que queda de las dos "Mámoas da Armada".

Otra iglesia con nuevos sorprendentes enigmas es la de **Santa María de Gargamala** en Barro. Nuevamente reformada (en 1752) sobre otra anterior, luce el escudo heráldico de los Condes de Salvaterra en su fachada. Al entrar, llamó mi atención observar sobre los cuadros del viacrucis, la cruz patada redondeada que usaban los templarios en Portugal. Aquí, entre otras imágenes están: el arcángel San Miguel, San Roque, San Pedro o San Benito. Pero lo que deseo someter a tu reflexión son las pinturas murales. Ordenadas dentro de cuadrados, (de forma similar al juego de la oca), se encuentran en las capillas y ábside del templo. Costeadas por los condes de Salvaterra, —a quienes deberé investigar en su momento , en su gran mayoría son casi ilegibles debido a su mala conservación. Los de la capilla norte tiene 16 pinturas dedicadas al parecer a San Benito. Las del sur a la Pasión de Jesucristo con 12 pinturas, siendo muy curiosa la representación de un gallo. Pero las del presbiterio —no veo porqué— dicen ser iconografía mariana, pues más allá de la iconografía religiosa observo una gran cantidad de simbología hermética, convertida en un puzle pictográfico. En el techo hay 34 pinturas, ya que en el espacio que debía ocupar la 35 se abrió un ventanal. La primera curiosidad es observar que en el cuadrado central de todos ellos, en lugar de otro dibujo surge un adorno de piedra en relieve, dejando ver en su interior una llamativa cruz roja. Por lo que, de no contar ese espacio, al no ser un dibujo, quedan entonces solo 33 casillas; el grado máximo de la masonería. Posiblemente casualidad ¿o no? Ya que entre algunos de los dibujos aún visibles, hay símbolos herméticos y masónicos: una torre, un sol, una hoja de acebo, una estrella de ocho puntas, una especie de arca, etc., nada que ver con iconografía mariana.

Techo de Santa María de Gargamala

Pero hay algo más insólito. Uno de los dibujos es pagano: el dios bifronte romano "Jano". Aparece coronado, en su habitual representación con dos caras mirando en direcciones opuestas, (el pasado y el futuro). Es la deidad tutelar de los umbrales y los inicios, de las puertas y los caminos y del cambio. Un símbolo que solía grabarse a la entrada de las criptas de iniciación templaria, como pude comprobar en Tomar, Portugal, y en los más sagrados templos romanos. Pero ¿qué hace una deidad pagana en una iglesia cristiana? ¿Tal vez existió en el lugar un templo romano o templario? ¿Estaremos ante un mensaje hermético en clave? Te dejo otro enigma para tu reflexión.

Juno

Desde esta iglesia se asciende hacia el **área arqueológica de Gargamala,** a más de 400 m de altitud. Diseminados por una extensa zona, surgen múltiples paneles con fascinantes grabados, convirtiéndola en uno de los complejos más importante y sorprendentes de Galicia. Por ejemplo las rocas cubiertas con todo tipo de círculos concéntricos y otros similares en: "Os Rochos" o en "Campo Redondo". Contemplarlos solo puede definirse con una palabra: ¡Impresionantes! En otra zona: "O Campado de Riba", uno puede moverse por toda la ladera sin parar de contemplar petroglifos. Aunque muchos son casi ilegibles pueden verse grabados de diferentes épocas: figuras geométricas, cruces, coviñas, combinaciones circulares…, destacando los grabados de círculos concéntricos y cazoletas en su cumbre. Sin duda un valle mágico y sagrado permitiéndonos traspasar una puerta hacia el pasado, en busca de descifrar el misterioso mensaje espiritual que allí duerme su sueño de 4000 años.

No muy lejos, en **Sabaxáns,** cerca de la iglesia de San Mamede, a 400 m de altitud, resaltar una impresionante estación de petroglifos: "Pé da Mula", a escasos 400 metros de un castro. Es como un cuadro de arte rupestre cubriendo una amplia extensión de 200 m² de rocas, casi a ras de suelo. Esparcidos por doquier surgen signos geométricos, zoomorfos, círculos simples y concéntricos conectados con múltiples líneas, coviñas individuales o una gran cantidad de cruces de diferentes tamaños estilos y épocas, alguna de ellas dentro de círculos. Entre todos acentuar un grabado de 1,33 m de diámetro con 7 círculos, (el mismo número que suele darse en los laberínticos o las piedras verticales de muchos dólmenes). Su orientación parece estar dirigida hacia las dos cimas del cerro, con forma de mámoas. El grabado solo es comparable al portentoso de "As Portaxes" do Monte Tetón, en Gondomar, (el más grande de Europa). Estamos ante un nuevo enclave sagrado de indescifrable comprensión para nuestra mentalidad, posiblemente relacionado con el sol las estrellas, una especie de mapa estelar o rituales mágico–religiosos. Añadir que en su zona más alta, una de las rocas pudiera haber cumplido la función de un altar. Yo seguiré visitándolo y unificándome internamente al sagrado lugar a la espera de que como en otras ocasiones… las piedras me hablen.

Petroglifos concéntricos

Antes de abandonar Sabaxáns una cosa más. Mencionar que en "Baños de San Mamed" se encuentran las ruinas de un antiguo balneario. Simplemente remarcar la curiosa piedra incrustada en la fachada exterior hacia el camino, pudiendo proceder del castro del lugar, de la que surge un tosco rostro sonriente.

As Neves

El origen de esta parroquia surge de una leyenda. La aparición de la Virgen en marzo de 1667, a un niño de 11 años llamado Antonio Martínez de Rocha, en el lugar de Chan dos Casteliños. Ese mismo mes, es llevada en procesión una imagen de la virgen a la "capilla de San Salvador", en la parte baja dos Casteliños. Más adelante, en 1770 se construiría la iglesia actual dando paso al origen de As Neves. Zona rica en megalitos ya desaparecidos, como en el "Coto do Facho", donde se dice morar una anciana encantada en sus piedras. Algo que recuerda a la diosa celta *Cail-Leach,* descrita como una anciana protectora de los animales y de las rocas sagradas, morando en ellas y despertando cada primavera. En **Setados,** cuenta la leyenda, que en la "Lagoa dos Sapoconchos" hay unas campanas robadas a Portugal, sonando en la noche de San Juan delatando el robo. En el "Lugar de Pereiras", se encuentra un viejo puente conocido como "Ponte Da Senra". Otro con el "Rito de la fertilidad" similar a los ya comentados, solo que en este, de no funcionar el rito la mujer abortaría. Al ser parte del camino de peregrinación portugués en el Medievo, se cree que en 1325 por aquí pasó la reina Isabel de Portugal, camino de A Franqueira y Compostela.

La iglesia a destacar por su insólita tradición es el **Santuario de Santa Marta de Ribarteme,** cerca de un castro en Bocas. Es conocida como la "Romería de los ataúdes", celebrada cada 29 de julio. En ella, las personas que solicitaron a la santa ser salvadas de una enfermedad grave, o de haber estado cerca de la muerte, —ellos o algún familiar—, se introducen vivas en un féretro, saliendo en procesión detrás de la imagen de la santa camino del cementerio. A la vuelta regresan nuevamente en el ataúd, como agradecimiento de haber sido rescatadas de la muerte. De ahí que por el camino los romeros van cantando: "Virxen Santa Marta, estrela do Norte, traemos-che os que viron a morte". Un ritual similar se celebra en "A Proba do Caramiñal" donde los ofrecidos portan su propio ataúd. El origen de ambas romerías es muy antiguo, pudiendo remontarse a tiempos protohistóricos, relacionados con rituales paganos de muerte y renacimiento. De ser así, tiene lógica escoger a esta santa para cristianizarlos, al haber sido la hermana de Lázaro, al que Jesús resucitó. Pero, dentro del mundo del misterio, añadir que en el Medievo se la identificaba con María Magdalena, habiendo creencias de ser la misma persona. También añadir que este tipo de tradiciones eran recuperadas por los templarios, formando parte de sus rituales de muerte iniciática, que celebraban en la soledad de sus apartados templos.

Cerca de allí se encuentra la iglesia de **San Cibrán de Ribarteme,** (el santo hechicero). Y próximo a ella, otra de las obras cargadas de hermetismo del maestro José Cerviño: el espectacular "Crucero de San Cibrán". Además de los clásicos símbolos de la Pasión, incluye a una enorme serpiente alada. El ofidio surge desde una gruesa soga atada en su base, y enroscada al fuste. Trepando trata de alcanzar la sagrada copa con su lengua. De forma llamativa, y que yo sepa única en los cruceros gallegos, bajo el capitel de la crucifixión surge fascinante el clásico símbolo de "nudo perenne celta" (con seis nudos). Para los celtas el nudo simboliza el camino del alma humana en su proceso evolutivo eterno, hasta alcanzar su perfección en diferentes reencarnaciones, en su regreso al origen del que procede. Pero ¿qué hace en un crucero cristiano? La soga es un símbolo masón del grado del miembro, y la serpiente, siendo alada puede representar el despertar de conciencia a través de la búsqueda interior; clara analogía iniciática de la Sagrada Copa o Grial. ¿Acaso Jesús no decía a sus discípulos que fueran sabios como la serpiente?

Crucero de Ribarteme

99

Antes de abandonar la zona, comentar la curiosa experiencia vivida hace años en la carretera de Ribarteme a Cedeira. Fue en una ladera empinada de San Nomedio. Allí, como viví en la parte trasera del Santuario del Buen Jesús en Braga, se produce lo que en el campo de las paraciencias se denomina "efecto antigravitatorio o lomas magnéticas". Sucede cuando dejando el coche encendido en punto muerto, en una cuesta abajo, en lugar de descender comienza a subirla lentamente. ¿Misterio o sencillamente ilusión óptica?

Camino de **Taboexa,** uno de sus enigmas son los petroglifos existentes en la falda occidental del "Monte San Nomedio". Otro de esos lugares que debemos comprender con la mentalidad de nuestros ancestros, y no con la racionalista de nuestro tiempo. El primer panel de grabados está justo a 900 m del "Centro de Interpretación", que aconsejo visitar. Son los petroglifos de "Coto Ribado". Debido a su antigüedad (y a la falta de protección como en toda nuestra tierra), los grabados están comenzando a desaparecer. Sin duda fue otro valle mágico para nuestros ancestros, y a la vez misterioso, protegido desde lo alto por la majestuosa presencia del sagrado monte. En esta primera zona, en una roca plana a la vera del camino, destaca la denominada "A Serpe Preñada". Así denominada, al tener tallado en su centro un círculo que parece indicarlo.

Más arriba hay otras piedras con lo que parecen serpientes con sus cabezas hacia el Poniente, en la "Pedra A Cabreira"; una representación simbólica de la muerte del sol en el

Poniente, en su viaje hacia la tierra donde los muertos renacen. En la antigüedad eran animales sagrados, simbolizando fertilidad, sabiduría secreta, inmortalidad y renacimiento, por su capacidad de mudar su piel. Para los celtas también representaban las invisibles energías telúricas que se mueven bajo tierra, *(wuivers)*, al vivir arrastrándose por el suelo. Eran "lugares de poder" sobre los

A Serpe preñada

que ubicar sus altares y centros sagrados, más tarde reutilizados por romanos, suevos y cristianos, levantando en ellos sus templos a nuevas deidades. Recordemos que es con la llegada del cristianismo cuando la serpiente se convierte en el símbolo del maligno. También hay grabados reticulares o circulares con pequeñas coviñas en su interior, pudiendo ser tableros de juegos. Igualmente rocas con gran cantidad de cruces latinas talladas, a modo de cristianizarlas, al considerarse grabados paganos, aunque algunas pueden ser precristianas. Destacar una piedra con varias cazoletas de diferentes tamaños. Tres de ellas alineadas, (muy común en otras estaciones rupestres con cazoletas). Verlas me lleva a imaginar a sus artistas contemplado desde ellas el surgir de la constelación de Orión sobre la cima del San Nomedio, ya que a mí entender, esa es la principal función de las cazoletas: bajar el cielo a la tierra, tallando diferentes constelaciones en las rocas. Algo muy repetido en culturas de todo el planeta, buscando elaborar una especie de mapas cosmológicos que perduren en el tiempo. Tal vez las llenaran de agua simbolizando su brillo en noches de luna llena. De lo que no hay duda, es que aquellas gentes vivían totalmente unificados a la tierra y al cosmos, bajo la guía de sus sabios sacerdotes, conocedores de ciencias como: la astronomía, las matemáticas, la música, la magia, la astrología y ciencias ocultas.

Siguiendo el camino de tierra hacia el suroeste se llega a una bifurcación. Descendiendo a la derecha están los petroglifos de: "A Coutada". Son tres estaciones de grabados, siendo el principal: "Laxe Grande", una de las más impresionantes de Galicia. Es como una ventana al pasado, escenificando representaciones poco comunes de caza y doma, con 25 grabados de caballos de diversos tamaños, posiblemente de épocas diferentes. Hay antropomorfos, un perro, o una pequeña figura con los brazos hacia lo alto, como bendiciendo o implorando al cielo. Tal vez estamos ante la escenificación de un ritual iniciático, donde los jóvenes se convertirían en adultos mediante la caza o doma de caballos. O también a modo de bautismo, dando paso de niño a adolescente, o este en cazador o en guerrero. O un lugar de adoración a su diosa Epona, dadora de fertilidad a los caballos. En otra roca cercana se encuentra aislado un gran équido, considerado el mayor del noroeste peninsular. A su lado otra roca con muchas coviñas pequeñas agrupadas, junto lo que parece un tablero de juegos circular. En ésta hay grabadas una gran cantidad de cruces de diferentes tamaños.

Volviendo a subir camino hacia la anterior bifurcación, y descendiendo ahora por el de la izquierda, internándose en el frondoso bosque que sale al paso, se llega al misterioso "Lugar do Mouro", en las cercanías del "castro de Altamira". Después de caminar entre árboles y viejos muros de piedra de las primeras casas de Taboexa, transportándonos al pasado, se llega a una gran casona en ruinas. Dejándola atrás, derruidos molinos surgen en el angosto camino que hay que ascender a la izquierda. Al pasar el tercero pegado al camino, se llega a otra bifurcación entre un sendero a la derecha y otro que sigue ascendiendo. Justo ahí, a la izquierda, subiendo un pequeño terraplén, se llega a la explanada donde se encuentran unos enigmáticos grabados. (Advertir que es un lugar difícil de encontrar si no se conoce como llegar). Lo primero en aparecer son dos rocas planas, casi a ras de suelo, e inclinadas por el desnivel del terreno. Ambas tienen tallada una canaleta estrecha de 1 cm de ancho en todo su perímetro. Y ambas terminan en una cazoleta de unos 20 cm de fondo en su parte más baja, lo que hace que suelan contener agua.

La primera es amorfa, de un metro entre sus surcos, pareciendo contener pequeñas coviñas y líneas de imposible identificación. Sus surcos se unen en la parte baja, uniéndose a una cazoleta cuadrada de unos 25 cm. Medio metro más arriba se encuentra otra más grande con surco mejor elaborado. Tiene una forma casi perfectamente circular de 20 cm de diámetro. En este caso su parte baja termina en una abertura de unos 15 cm, uniéndose con una cazoleta rectangular. Me pregunto por qué son tan diferentes.

Grabado en Taboexa

Arqueológicamente suelen calificarse como lagaretas en las extraer el vino o el aceite, con lo que no concuerdo. Porque hay más. Dos metros más arriba, hay una roca irregular que sobresale como un metro del suelo. En ella se encuentran unos grabados únicos en todo el Condado: "Laxe dos Penes". Su nombre deriva de dos penes grabados en la roca, separados por una pequeña cazoleta circular de 6 cm de diámetro. El de la izquierda, representado horizontalmente, mide unos 25 cm y apunta hacia la cazoleta central. El de la derecha, de unos 23 cm, representado verticalmente, (digamos con cierta flacidez), apunta hacia abajo, hacia las piedras anteriores. Posiblemente represente el de un adolescente y el de un adulto.

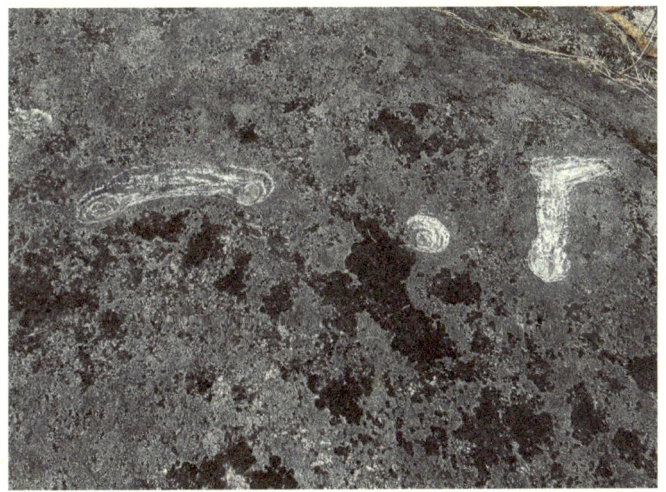

Laxe dos Penes

Hay quien ve en estos grabados una piedra sagrada, donde la mujer desnuda pegaría su abdomen con la esperanza de ser fecunda. Podríamos estar ante una de las costumbres y de los enclaves de rituales de fertilidad o fecundación, más antiguos y extendidos al parecer en la *Gallaecia*. Por tal motivo fueron prohibidos por el obispo de Braga Martín Dumiense —llamado el apóstol de los suevos—, en el siglo VI.

La antigua tradición de abrazarse a un menhir con forma fálica, era también un ritual, a través del cual las mujeres absorberían la energía fecundadora de la Madre Tierra. De esa remota tradición viene la expresión popular: *pasar a muller pola pedra* cuando era infértil. En cuanto a las dos piedras tenidas como lagaretas, no le veo mucha lógica. Comparándolas con las encontradas en otros castros, como el del Castromao en Guillade, nada tienen que ver con ellas.

En gran parte concuerdo con un buen amante de esta tierra, como fue don Alejandro Míguez Alvarez, (creador de un maravilloso Blog sobre Taboexa), quien tuvo el detalle de nombrarme en él al hablar de los templarios, extrayendo el texto de mi primer libro *Galicia Mágica. La Herencia olvidada.* Entre otras cosas, afirma que: "posiblemente estamos ante un lugar relacionado con el paso de la infancia a la pubertad". Si está en lo cierto, los rituales serían presididos por el druida o chamán de la tribu, inculcando al joven —o la joven— la responsabilidad que comenzaría a tener en la comunidad. Quizá con la sagrada agua de lluvia de las cazoletas, bendecida por el Sol o la Luna, rociaran a los nuevos adultos a modo de un bautismo. O, tal vez las dos rocas con surcos tenga relación con el sexo masculino y otra femenino, respondiendo a la incógnita del porqué una termina con surco cerrado y otra abierto. Y ¿por qué la más cercana a la de los penes tiene un llamativo parecido con la forma central del útero femenino. ¿Quién sabe? Otro enigma para tu propio criterio.

❀

Entrando en la parroquia de **Taboexa** (la antigua *Tabolela* romana–sueva), lo hacemos en otra zona mágica desde la antigüedad. Fue poblada por pueblos que celebraron sagrados cultos a la naturaleza, al sol, la luna y las estrellas, legándonos su herencia entre los numeroso restos arqueológicos actuales. Aunque su mayor parte permanece oculta bajo tierra y envuelta en fantásticas leyendas. Cercana a la vecina Portugal, en tiempos de *Gallaecia* formaban una misma cultura, que la invasión del imperio Romano hizo desaparecer.

Camino de la iglesia de "Santa María de Taboexa", impresiona contemplar la majestuosa forma piramidal del "Monte Altamira" destacando en el horizonte, dándole un aire de misterio. De la iglesia o convento que allí tuvo el Temple nada queda. Ni de la capilla dedicada a "Nuestra Señora de la Antigua", que estuvo anexa en su lado norte, al venir sufriendo constantes reformas, siendo la última en 1544. Destacar su torre cuadrada terminada en forma piramidal. Peculiar la cantidad de pequeños círculos y cruces distribuidos por su ábside. En su fachada principal surgen varias cabezas de ángeles en el arco superior, y sobre este dos medallones con el rostro y el torso del fundador de la iglesia: Luis Alonso Carballo. Un feudal gallego o portugués, señor del Coto de Barbeyta, y el de su esposa, de la que al enviudar se hizo cura siendo destinado a esta parroquia. En las esquinas de la cabecera rectangular sobresalen cuatro escudos heráldicos. Pertenecen a familias nobles de la zona: los Castro; los Bacelar (con un viñedo y sus racimos); los Lobato (con tres castillos, seis lobos y algún animal fantástico); y la familia portuguesa de los Barbeyto, (con una cruz central y otra superior más pequeña). El templo es de una sola nave, destacando sus esbeltas bóvedas, con una red de nervios formando círculos y triángulos, y hasta una columna con forma de la palmera (símbolo presente en iglesias templarias). Como lo es la bóveda con trazado circular dividida en ocho espacios, y adornada con una figura central y otras en cada radio. Entre algunas de sus imágenes se encuentra: el arcángel San Miguel, Santa Lucía, San Antón con la tau colgada al pecho, o la imagen de San Bartolomé, que en el día de la romería es subida a su capilla en el castro, todos ellos santos con contenido hermético y arquetípico.

Desde la iglesia de Taboexa hay un antiguo camino del que partía el viacrucis hacia el **Castro de Altamira.** Terminaba en una amplia explanada en la falda del monte, donde se ubica la "Capilla de San Bartolomé". De acuerdo a la tradición, está sobre un antiguo dolmen o templo romano, o sobre una capilla templaria, presidida por el santo de su advocación: San Bartolomé, apodado "el quita miedos". Con esa finalidad, cada 24 de agosto allí acuden los romeros, para el tradicional rito de posar su imagen sobre su cabeza. En el caso de los templarios, —presentes en esta parroquia—, puede ser una clara alusión a ciertos rituales iniciáticos celebrados con los nuevos novicios, relacionados con la superación de los miedos a los que a todo templario debe enfrentarse. Ya la iconografía de este apóstol oculta claros símbolos de contenido arquetípico. Se le representa atado al árbol de su martirio, generalmente con un libro cerrado y el cuchillo en la mano derecha, con el que fue desollado vivo, mientras a sus pies sujeta a un demonio con una cadena. Posibles analogías de saber desapegarse de lo material y del pasado, y vencer los demonios internos y las falsas creencias, para acceder a los saberes ocultos cerrados a la gran mayoría. En su identidad como "santo quitamiedos", enseña a no temer al mal o la oscuridad si se vive en la luz. Aunque puede tener otro significado que contaré más adelante.

Orientada este-oeste, destacan dos vieiras talladas en su portada. Otra en el interior de una hornacina sobre la puerta. Y otra mucho más grande en lo alto, bajo el espadaño del campanario. En el interior de la fachada sur, en un esquinal de la puerta, y tallada en el propio muro, hay lo que debió ser la pila bautismal de la capilla original (ya que hay otra más moderna al Poniente). Sobre ella hay otra vieira, pero debajo —como recibiendo a quien entra—, surge de la piedra un misterioso rostro muy similar a un guerrero celta. Más abajo y muy borrado parece haber algo más tallado. Era el tipo de pilas usadas en ciertas capillas iniciáticas del Temple, y que observé en otras ermitas similares, por lo que no es un simple adorno sin más. Igualmente, demasiadas conchas dentro y fuera del templo, pueden estar refiriéndose al Camino de Santiago, pero también hacer referencia a un anterior templo romano dedicado a su diosa Venus, al ser un castro muy romanizado. Recordemos que en la antigüedad, la concha o vieira representaba a la diosa griega Afrodita o la romana

Venus. Ambas diosas del amor y la belleza, usada como símbolo de la fertilidad femenina y de los cultos a ella asociados. Cultos tal vez relacionados con la cercana "Pena dos Penes" y sus rituales. Más adelante en el tiempo, la vieira fue empleada en ritos funerarios de resurrección,

Pila bautismal en la Ermita de San Bartolomé

reutilizándose en la Edad Media como símbolo del peregrino a Compostela. Pero también relacionada con el hermético símbolo de la "pata de oca", que en el Renacimiento representó el despertar interior o renacer espiritual. Además de otros símbolos vegetales, en el techo hay un curioso sol sonriente con ocho rayos, y lo que parece ser un ángel tocando una trompeta. Sin duda una ermita con claves mistéricas. Nada queda por allí de la posible existencia y ubicación del "Mosteiro de Freiras", levantado por los mismísimos templarios. Tal vez rebuscando entre las viejas piedras de los muros de los campos colindantes, pudiéramos encontrar algunos restos. Añadir que cerca de allí, en la antigua iglesia románica de **San Salvador de Leirado** tuvo el Temple un reducido convento. De acuerdo de nuevo a don Alejandro, pudo haber sido una casa de la zona de Taboexas, la cual no comento para respetar la intimidad de su dueña.

Desde la ermita se accede al **"Castro de Altamira"**, en la cima del monte, a 328 m de altitud. A decir de los muchos objetos romanos de bronce obtenidos, debió ser más importante y extenso de lo que se cree. Entre otros una estatuilla del dios romano Mercurio, del que pudo haber un altar en el lugar. De este dios, equivalente al Hermes griego, topamos diferentes topónimos en zona, como el del rio Termes a su paso por Taboexa. El monte, junto a su montaña vecina, forman dos pechos femeninos surgidos de la tierra, que para las culturas celtas, eran consideradas los de la Madre Tierra, y por tanto veneradas. Algo habitual en nuestra tierra, como los que vimos en "Pé de Mula", o los que se alzan altivos en Valladares, en Vigo. (En el monte Alba, curiosamente también con una ermita de San Bartolomé en su cima).

Es otro de los castros repletos de fantásticas leyendas de tesoros y cuevas encantadas. Una de ellas narra que al oeste del monte, en "A Cova da Moura", existe un largo túnel subterráneo que termina en el atrio de la iglesia parroquial de Santa María, o bajo su altar. Algunos mayores cuentan haber oído a sus padres o abuelos, como de niños entraron en una profunda gruta que parecía no tener fin. Añade la leyenda, que la cueva está protegida por una *moura* similar a la "Medusa" de la mitología griega, (con culebras en la cabeza), cuidando un gran tesoro de oro, convirtiendo en piedra o en oro a quien ose entrar en ella. Sigue diciendo, que en la mitad de la gruta hay una imagen de la Virgen Moura hecha de oro, quedando ciego quien se atreva a verla. Aunque pudo ser habitada en el Paleolítico, y reutilizada por los neolíticos, también debió ser usada por los misteriosos oestrimnios o los saefes. A mí me recuerdan las grutas sagradas donde los druidas (o los iniciados templarios) veneraban una de sus vírgenes negras (imitación de la Isis egipcia). Metafóricamente, quien no consiguiera saber descorrer el velo de sus secretos herméticos, seguirá siendo ciego al mundo espiritual. En cualquier caso son leyendas similares a las de otros muchos castros.

En lo alto del castro pude fotografiar hace años algunos grabados. Uno de ellos representando un círculo con tres pequeñas coviñas en su interior, similar a los que se tienen como tableros de juego. A su lado otras 15 coviñas, curiosamente están ubicadas justo en la roca saliente que apunta hacia la capilla. Un par de metros más atrás, en la misma roca hay alguna cazoleta. Una de ellas de unos 15 cm de diámetro y 10 de fondo. En otra cercana totalmente plana, hacia el oeste, hay un grabado rectangular de unos 20 cm de largo dividido en dos. Tiene forma de un libro abierto, del que he leído que es el gráfico de una caverna o templo subterráneo. Pequeños triángulos apuntan hacia los montes sagrados del contorno, como los vi en Gargamala y en la cima de otros castros. Para estudiosos de nuevo como don Alejandro, en el castro de Altamira vivieron los oestrimnios antes que los celtas, quienes veneraban a *Cal-Leach,* diosa de la fecundidad y de la muerte: la Madre Tierra. De aquí extrae que "Cal" es el étimo de calaicos–galaigos–galegos–Galicia; y también de portocale: Portugal. Ya dejando la zona, contemplando la majestuosa imagen de San Nomedio en lo alto del valle, reflexiono sobre los misterios que guarda el lugar.

Me alejo sintiendo abandonar un enclave mágico de claros cultos de fertilidad, iniciación, y ritos naturalistas y cosmológicos, que se han ido perdiendo en la noche de los tiempos y que espera desvelemos sus secretos.

Petroglifos en Altamira

Otro de los montes más mágicos y sagrados del Condado, —seguramente un monte-santuario como A Franqueira o la Sierra do Galleiro— tiene el curioso nombre de **San Nomedio** (o Domedio). Impresiona ver su majestuosa forma de gigantesca pirámide de 690 m de altitud, contemplándolo desde su lado oeste, como lo hago cada mañana. Su nombre anterior era San Mamés o Mamede. Santo con una de las devociones más antiguas, del que a pesar de tener su origen en Capadocia, Turquía, hay un buen número de capillas en Galicia o Vascongadas. La Iglesia cuenta que nació en una prisión en el siglo III, al permanecer sus padres en ella por ser cristianos. De ella se escapó a una montaña, en la que vivió como ermitaño y amigo de las fieras salvajes, entre otras leones. Más adelante, a los 16 años fue apresado y lanzado a los leones en un circo romano, a los que terminó amansando, terminando por matarlo con un símbolo ancestral: un tridente. La historia que habla de sus restos llegados a Galicia en el siglo IV, es sabido que fue inventada, y que del Mamede que se habló era un ermitaño gallego, —¿quién sabe si un druida?—. Decidiendo construir una ermita en el monte con ayuda de dos corzos, sucedió que un lobo devoró a uno de ellos. Esto llevó al ermitaño a que el fiero animal ocupara el lugar del corzo muerto, ayudándole a transportar las piedras. Dentro del terreno de lo mágico, desde muy antiguo, —por ejemplo para los celtas—, el corzo o ciervo era un animal sagrado, relacionado con el conocimiento oculto, el lobo con cultos lunares, y el león en muchas culturas como símbolo del sol y sus diferentes ciclos. Es por tanto sencillo comprender, que en San Nomedio, se cristianizaron arcaicos cultos solares y a la Madre Tierra, tan extendidos en Gallaecia.

Estamos ante otro monte cargado de leyendas, como la del "Boi de Ouro" (buey de oro), que los *mouros* escondieron bajo una piedra, conocida como "Laxe Negra". La leyenda añade que nadie se atreve a buscarlo, ya que bajo ella hay un brazo de mar subterráneo, (como en San Cibrán de Guláns), que de quitarla, el agua inundará todos los pueblos de su entorno. Otra leyenda cuenta que San Nomedio era el mayor de siete hermanos y santos cristianos que anduvieron por estas tierras: San Felipe, San Fins, San Marcos, San Tomé, Santa Tecla, San Mamede y San Telmo. (Otras refieren a: San Nomedio, San Fins, San Amaro, la Virgen de la Ascensión, San Bartolomé, San Vicente y San Sebastián). Sigue contando que seis de ellos subieron cada uno a la cima de una de las montañas de este valle, y del cercano Portugal, para localizar el cuerpo del hermano que se había ahogado en el Miño (al parecer San Telmo). Comentar que en tiempos prerromanos, cada una de esas montañas era sagrada y tuvieron un altar solar en sus cimas. Con la llegada del cristianismo se levantaron capillas sobre ellos, bajo advocación de santos cristianos. Es precisamente lo que cuenta otra leyenda de San Nomedio, que bajo los cimientos de su capilla hay un ara romana sobre otra anterior. Curiosamente todas las capillas se divisan entre ellas en la distancia, de modo similar a como ocurre en otras de Galicia o norte de Portugal. Pudiera ser que la leyenda guardase relación con la observación desde la antigüedad, del cúmulo de estrellas de la constelación de Tauro: "Las Pléyades", —conocidas con el sobrenombre de las siete hermanas—, siempre visibles al ojo humano. No deja de ser llamativo que el día de la romería de San Nomedio sea precisamente el 7 de agosto. Otra leyenda quiere ver en San Nomedio el mítico Monte Medulio, en el cual, sobre el 25 a. de C., el imperio Romano libró una cruenta batalla contra las últimas tribus celtas del noroeste de la Península. Se basa en la existencia de topónimos de parroquias que lo rodean como: San Pedro y Santa Eulalia de Batalláns, A Forcada, Barrio Batalla, Perdeán, Meder, la Romería do Medo en Taboexa y otros. Igualmente, en la zona del castro de Altamira, se dice que el agua rojiza y ferrosa de la "Fuente de San Bartolomé", se debe a la gran cantidad de armas enterradas en la zona. Para mí no es dicho monte, pero pudiera referirse a otra batalla en la zona, por la proximidad de diversos castros al monte. Añadir que los últimos supervivientes de esa batalla terminaron suicidándose con las hojas venenosas del tejo, —antes que morir esclavos—, pero ese árbol no existía en el monte.

Es posible que por estos montes llegaran a predicar discípulos del considerado último druida de Gallaecia: Prisciliano. En cualquier caso, el santo y sus supuestos hermanos viene a usurpar el lugar de deidades prerromanas celtas o anteriores. Debemos ver en San Nomedio, el recuerdo de uno de esos santuarios protohistóricos, conocidos desde antiguo como: *nemetom* (o *nemeño, nemed, ninmedo*…). Es decir: "un monte sagrado". De hecho, la toponimia de *nemetom* o *ninmedo* o *nomedio* es muy similar. O pudiera ser uno de esos *bangor*, (enclave sacro), en los que los druidas se reunían anualmente con diferentes fines políticos o religiosos entre otros; o donde formaban nuevos druidas, como posiblemente lo sea A Franqueira. Pero hay más. En el acantilado de su ladera oriental, en una roca del terraplén a la vera del camino, (frente la torre de observación), se encuentra una antigua "Cadeira do Rei o do Santo", (popularmente: Silla do santo. Es un asiento o sillón excavado perfectamente en la roca, y con un posabrazos a su derecha (al que suelo ir a meditar). De acuerdo a antiguas tradiciones, en ellas eran coronados reyes o caudillos, o las usaban sacerdotes astrólogos o magos (como los druidas), para contemplar la salida del sol en el horizonte en determinadas fechas del año. Esta en concreto se halla justo enfrente al monte de San Fins, en

Sillón en San Nomedio

Arbo, donde se encuentra la antiquísima capilla y romería de este santo. Llamativamente, la lejana cima que se encuentra al lado de la de San Fins, se conoce como: "Chan do Rei". De hecho, según la leyenda, en San Nomedio se sentaba el santo para hablar con San Fins al otro lado del valle, (algo que por otro lado, demuestra la desmedida imaginación o ingenuidad de nuestras gentes). Pero no es la única *cadeira* de Galicia. Hay otras muchas como por ejemplo: la "Cadeira da Raiña" en Vilar de Barro, (curiosamente en A Serra de Mamede). U otra en el alto del Monte A Valga, en Oia. Pero aún queda algo que añadir. Justo detrás de este sillar pétreo, cruzando el camino, hay un antiguo y extraño grabado en una pequeña roca orientada hacia el este. En ella se ven algunos círculos y líneas unificándolos, pudiendo estar representando un mapa de castros cercanos, como hay en algunos castros. Tal vez este monte sea el epicentro sagrado de los valles limítrofes. Al ser la morada de una deidad ningún mortal podía habitar en ellos. Por eso, a su cima acudirían caminando por diferentes senderos los habitantes de los pueblos limítrofes, para venerarla, encaminados por sus caudillos y sacerdotes en un día sagrado del año —como sucede en A Franqueira o San Cibráns—. Algunos topónimos como "posadouros" parecieran indicarnos lugares donde se detenían a descansar. Una vez en la cima celebraban sus rituales a la Madre Tierra sobre el altar de los sacrificios de animales. En ella pedían a su deidad buenas cosechas y salud para sus animales y familias, ofreciéndole pan y vino. Sin duda, el monte es un enclave estratégico desde el que conectar en largas distancias con otros montes sagrados, o con castros existentes en su entorno, y en la lejanía mediante hogueras, como: la Sierra del Galiñeiro y del Galleiro, A Picaraña, el Aloia, el castro de Altamira en Taboexa, Santa Tegra en A Guardia, las islas Cíes, A Paradanta, y otros de Portugal como en Monção.

Cerca de allí, hacia la ladera occidental del monte, surge una llamativa cima rocosa a su falda, limítrofe con **Santa Eulalia de Batallans:** "O Coto do Castro". Llamado así al haber formado parte de un extenso castro, destruido por la construcción del túnel y la autovía a Madrid. Desde donde vivo destaca su pétrea forma piramidal alzándose hacia el cielo. En él descubrí talladas dos cruces bien trabajadas en una de sus rocas, que me recordaron las observadas en lo alto del Monte Pindo cristianizándolo. Aquí, están orientadas hacia el Poniente, —una de ellas sobre un círculo— cristianizando el lugar. La roca superior a la de las cruces tiene tallada un triángulo de 18 cm, (como en el de Altamira), apuntando hacia San Nomedio. Hay cuevas entre las rocas, grandes cazoletas y una impresionante pía de gran tamaño en lo alto, generalmente con agua, que bien pudo cumplir funciones ritualistas relacionadas con el agua. Una antigua leyenda narra que aquí las piedras hablan y esconden tesoros en su interior. Cuenta que cuando alguien trató de abrir una de ellas con unas cuñas para robar su oro, la piedra exclamó: ¡Si abrís esta peña caerá la torre de Guillade! Cuando el sujeto quiso ver hacia ella ya se había cerrado. Acto seguido huyó despavorido dejando las cuñas en ella. Para dejar el lugar, no está de más meditar en la sabia sentencia escrita en un monumento del atrio de la cercana iglesia de "San Pedro de Batallans": "El fin de la vida aquí lo tenéis, el destino según obréis".

Salvaterra de Miño

La **Fortaleza de Salvaterra de Miño** o "Castillo de Doña Urraca", a orillas del río Miño, en la frontera con Monçao en Portugal, se construyó sobre el siglo x. Aquí continuaron los enfrentamientos de la reina en 1120 con su hermanastra Teresa. Igual que en Villasobroso, cuenta la tradición que en la planta baja de su antiguo castillo, hay acceso al pasadizo secreto que cruza bajo el río hacia la localidad portuguesa de Monçao, —actualmente tapado— por el que huyó de un nuevo asedio. Esto le permitía además desplazarse de un lado a otro sin ser vista y reunirse con quien deseara. En el interior de la fortaleza se encuentran las llamadas: "Cuevas de Doña Urraca", pertenecientes al antiguo palacio de los Condes de Salvaterra, con su curiosa escalera de caracol de doble rampa comunicando dos amplias estancias. De ese modo se evitaba que las personas que suban se cruzaran con las que bajan al mismo tiempo. Por aquí también anduvo guerreando Pedro Madruga, quien levantó castillo en el solar. Todavía permanece en pie la capilla de la "Virgen de la Oliva", levantada por los portugueses en 1643, durante su estancia de 16 años. En la parroquia perduran leyendas fantásticas, a las que hay que saber extraer el mensaje que contienen. Una de ellas en "Lourido", recuerda la moza que encontró un tesoro de los *mouros*, convertida en cobra al ponerse un collar de oro. En "Meder", allá por el siglo XVI, una mujer de la familia noble de los Tapias, quedó repentinamente ciega en el momento de dar a luz, sin que ningún remedio médico pudiera curarla. Fue entonces cuando su fervoroso esposo, en un acto de fe colocó la imagen de la "Virgen de la Luz" bajo un arco de piedra, en el "Barrio de Santo Adrián". Tras invocar su ayuda, su esposa recuperó la visión, por lo que en su honor levantaron la capilla que todavía existe hoy en día. Y como dijo don Quijote: "Sancho, con la Iglesia hemos topado…", ya que en "Corzáns", todavía permanece en pie el portal de entrada del "Pazo de la Inquisición" de 1688.

En lo alto de **Pesqueiras** en "Monte Castelo" se encontraron restos castreños, romanos y los de un castillo del año 991. Es una cima repleta de grandes rocas graníticas, desde donde se divisa una amplia panorámica del valle. En uno de las grandes bolos graníticos se haya excavada en plena roca una cueva, en la que desde muy antiguo, quizá pueblos del Neolítico, *oestrimnios* o castreños celebraban sus mágicos rituales paganos. En su día se cristianizó con la curiosísima ermita de "Nuestra Señora de la Asunción", añadiéndole un pequeño pórtico con campanario. En su interior hay un sencillo altar, grabados de un posible serpentiforme y de una herradura. Encima de la ermita hay una cruz tallada en la propia roca cristianizando el recinto, a la que por mucho que se ha intentado borrar siempre reaparece, ya que allí estaba cuando la vi. Más misterioso el hecho sucedido en 1950. Sucedió a un ingeniero que quiso dinamitarla buscando utilizar sus piedras para la colocación de la vía del tren, que se estaba construyendo entre Vigo y Ourense. Pero tampoco lo consiguió, permaneciendo el culto en el lugar. Los más longevos del lugar cuentan que cuando eran niños recuerdan de oír de la entrada a una gruta frente la entrada a la ermita, cuya entrada hoy está taponada. Afirman que debajo hay una especie de cripta, y varios túneles de piedra muy largos construidos por los *mouros*. Al parecer, hay

Capilla de la Asunción

otra entrada en la pared del terraplén frente al atrio, pero actualmente es inaccesible. Otra vieja leyenda de modo similar a San Nomedio, narra que este santuario tiene otros seis hermanos en la zona: San Blas, Santa Marta, San Cibrán, Santa Lucía, San Amaro y Santa María de la O. Desde la cima de su santuario decidieron partir a predicar el mensaje del Cristo en este mundo impuro. Una noche de luna clara se reunieron en el "Ponte das Partidas", despidiéndose para ir a predicar las divinas enseñanzas del Crucificado, pero manteniéndose vigilantes unos a otros para protegerse. Así, Blas fue a Areas; Marta a Ribarteme; Cibrán a Gulans; Lucía en Ganade; Amaro en Lira; María de la O llegó A Picoña y la Asunción a

Pesqueiras. De cuando en cuando volvían a reunirse de noche en el puente, volviendo a partir de día. Pasaron tanto tiempo predicando que envejecieron y la muerte se los llevó a su reino, pero no sin antes dejar la huella de su presencia en la tierra, creciendo siete montes donde habían predicado, viéndose desde la lejanía por toda la eternidad. Para homenajear a los santos, las gentes levantaron en cada monte una ermita en la que venerarles. Pero nuevamente hay que decir, que esas montañas ya eran sagradas desde tiempos ancestrales. Cimas desde las cuales contemplaran los sabios sacerdotes prehistóricos el curso de las estrellas, del sol, la luna y los astros. El hecho de reunirse de noche y partir de día, es lo mismo que hacen las estrellas diariamente al regresar al anochecer y desaparecer al alba, tal vez clara señal de la relación de estos montes con las estrellas.

En **Lira,** desde la carreta EP4006, cogiendo hacia Albar se accede al "Castro de Lira". A 500 m del cruce, un empinado camino lleva hacia otro lugar realmente mágico y sagrado de nuestros ancestros. En lo alto, a unos 170 m de altitud, —como es habitual cristianizando el lugar—, se alza entre robles la "Capilla del Santo Amaro", aquel que buscaba el Paraíso. No muy lejos hacia el oeste, se encuentra una ermita muy similar del mismo santo en: "San Mateo de Olival". Ninguna de las dos con rasgos a destacar, al ser restauraciones tardías de las originales. Aquí, en la cima del castro, los *mouros* celebraban un ritual con fines de solicitar buena cosecha. Como reminiscencia de ello, en la fiesta del santo el 15 de enero, el cura rellenaba la pila con agua, bendiciendo con ella las tierras de cultivo de los alrededores y a los animales. Es una gran cazoleta de 35 cm de diámetro y 20 de fondo, excavada en una roca plana frente la capilla. A su lado parece haber otra gran pía rectangular excavada en la roca a ras de suelo, de más de 1,50m de largo. A pocos metros, después de

Pía en Castro de Lira

limpiar el musgo, ante mi asombro surgió lo que tiene un gran parecido con "A Serpe Preñada" de Taboexa dirigiéndose al sur. Pero lo más llamativo es la roca de unos 3 m de largo al este, a varios metros frente la cazoleta. Se observa haber sido trabajada para darle forma de altar, orientado hacia San Nomedio en la lejanía. Está ubicada sobre un terraplén hacia el Saliente, hacia el amanecer, como suelen ser los altares druidas. Hasta el nombre del Barrio "Albar", parece querer recordarnos el topónimo "altar" o rituales realizados "al alba". Estamos ante otro lugar sacro pagano, del que cuenta una leyenda, que hay una gallina con pollitos que nadie logra ver, y que por allí suele pasearse una *moura* que se convierte en serpiente cuando apare un mozo. También se dice que existe un pozo circular con unas escaleras descendentes, del que parten dos túneles en el fondo, pero taponado en su día para evitar cualquier accidente de personas o del ganado.

Como colofón, y al haber observado la cantidad de imágenes de "San Amaro", (Mauro en gallego) —al igual que en el resto de Galicia o Portugal—, tal vez el santo más presente en el Condado, deseo contarte la mística leyenda de esta misteriosa figura arquetípica. Estamos ante otro curioso y fascinante personaje del santoral cristiano, que posiblemente nunca existió, pues ni siquiera tiene sitio en el santoral católico oficial. Es un santo del pueblo. Se dice de él que fue rico y de buena familia, viviendo en el siglo XIII, terminando su vida en la ciudad de Burgos, dedicado a cuidar a los peregrinos y a los pobres en un hospital. El hecho a destacar, es su ferviente interés por encontrar nada menos que "el Paraíso Terrenal". Analogía que representa el camino iniciático hacia lo interno y lo divino. Cuenta su mistérica y simbólica leyenda medieval, —quien sabe si templaria, como la de San Cristóbal y otras muchas—, que después de escuchar una voz en sueños asegurándole que lo encontraría si se hacía a la mar, Amaro viajó por tierras legendarias, dejándose llevar por la invisible mano de Dios. Después de vivir muchas aventuras durante 7 días (o 7 meses) en diferentes islas, —número simbólico— desembarcó en una de ellas mandando acampar a su tripulación. Acto seguido, se dice que vestido con túnica blanca, (símbolo de la pureza necesaria en el alma para encontrarlo), comenzó a escalar una alta montaña hacia un castillo. Ya ante la entrada, un guardián le impidió el paso. Pero fue tal su insistencia, que finalmente le permitió una visual por el ojo de la cerradura. Lo que vio le llenó de regocijo: "el Paraíso Terrenal". Cuando regresó a la playa se encontró con la fundación de una ciudad, y sin conocer a nadie, ni le conocían a él. Habían pasado 266 años sin llegar a envejecer, (similar al San Ero de Armenteira). En realidad, la leyenda narra una alegoría iniciática. El camino que el verdadero buscador debe emprender por el sendero de la vida, en busca de la divinidad en su propio interior. Es por tanto Amaro "un arquetipo iniciático" similar a los griegos Ulises, Jasón o Heracles (el Hércules romano), viviendo como ellos diferentes aventuras simbólicas dentro del mundo trascendente. Su imagen suele representarse con vestimenta muy parecida a la de San Antón, con larga barba, un libro cerrado en su mano derecha y apoyada sobre un bastón con forma de Tau con la izquierda.

Hasta aquí el viaje. Imposible incluir todo lo que me hubiera gustado. Dejo mucho sin contar. Solo espero que esta obra haya cumplido el propósito deseado: motivarte a conocer y amar tu tierra y… a pensar por ti mismo/a, extrayendo tus propias conclusiones. Que la luz guíe tu camino. Buena búsqueda.

Agradezco información sobre lugares o piedras mágicas, leyendas, antiguas tradiciones, presencia templaria, y demás temas del libro, sobre O Condado, A Paradanta o cualquier rincón de nuestra mágica tierra gallega, enviándolas al móvil o *e-mail* abajo reseñados. Gracias.

Contactar con el autor

Centro de Yoga-Consulta:

www.yogaceysi.com
Teléfono/wahatsapp o telegram: (+34) 627 265 606
santiago@yogaceysi.com
https://www.facebook.com/santiago.pazhin
https://www.youtube.com/user/SantiPazhin/videos

Radio:

https://www.facebook.com/encuentrosenlamedianoche
https://www.ivoox.com/podcast-podcast-encuentros-me-dianoche-radiovoz_sq_f1113191_1.html

Agrupación Galicia Rutas Mágicas:

http://galiciamagicaysecreta.blogspot.com/
galiciamágicaysecreta@gmail.com

PATROCINIO

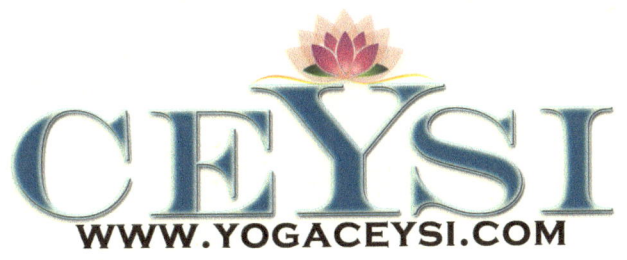

Centro Especializado en Gestión Emocional y del Estrés

www.yogaceysi.com

Otros libros del autor publicados por la editorial Editatum:

CÓMO SUPERAR EL ESTRÉS Y LA ANSIEDAD
Guía práctica de ejercicios

Sin duda el estrés y sus efectos nocivos sobre la salud, especialmente la ansiedad, son hoy día una plaga que nos afecta a todos. De la mano de un profesional experimentado que lleva más de treinta años trabajando con éxito el estrés y sus causas, este libro eminentemente práctico, se convierte en una guía imprescindible para comprender el estrés, conocer sus causas y tratarlo adecuadamente.

Con técnicas y ejercicios sencillamente explicados y aunando fuentes clásicas como yoga, meditación, relajación o técnicas respiratorias con los más actuales conocimientos sobre el poder e influencia del pensamiento, el resultado es una obra imprescindible para superar el estrés y la ansiedad.

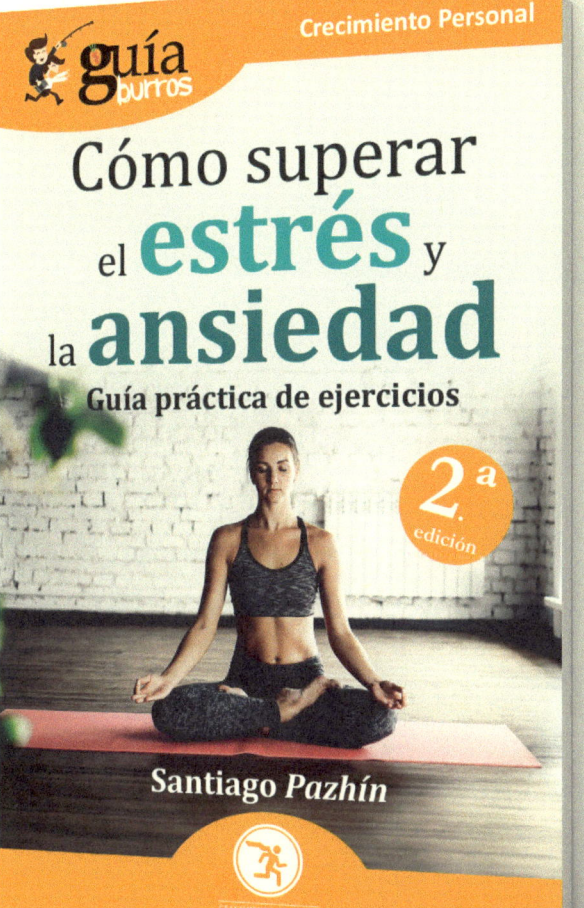

GuíaBurros

Cómo superar
el **estrés** y
la **ansiedad**

Guía práctica de ejercicios

2.ª edición

Santiago *Pazhín*

Participa en el **Club GuíaBurros** para estar informado de las últimas novedades editoriales y disfrutar de las ventajas, promociones y condiciones especiales de los socios de nuestro club.

Puedes encontrar toda la información en:

www.guiaburros.es
www.editatum.com

Puedes seguirnos también en Youtube y en nuestras redes sociales:

facebook.com/guiaburros

www.youtube.com/c/GuíaBurros

@ guia_burros

@guiaburros

Nuestras colecciones

Guías para todos aquellos que deseen ampliar sus conocimientos sobre asuntos específicos, grandes personajes, épocas, culturas, religiones, etc., ofreciendo al lector una amplia y rica visión de cada una de las temáticas, accesibles a todos los lectores.

Guías para gestionar con éxito un negocio, vender un producto, servicio o causa o emprender. Pautas para dirigir un equipo de trabajo, crear una campaña de *marketing* o ejercer un estilo adecuado de liderazgo, etc.

Guías para optimizar la tecnología, aprender a escribir un blog de calidad, sacarle el máximo partido a tu móvil. Orientaciones para un buen posicionamiento SEO, para cautivar desde Facebook, Twitter, Instagram, etc.

Guías para crecer. Cómo crear un blog de calidad, conseguir un ascenso o desarrollar tus habilidades de comunicación. Herramientas para mantenerte motivado, enseñarte a decir NO o descubrirte las claves del éxito, etc.

Guías prácticas dirigidas a la salud y el bienestar. Cómo gestionar mejor tu tiempo, aprenderás a desconectar o adelgazar comiendo en la oficina. Estrategias para mantenerte joven, ofrecer tu mejor imagen y preservar tu salud física y mental, etc.

Guías prácticas para la vida doméstica. Consejos para evitar el *cyberbulling,* crear un huerto urbano o gestionar tus emociones. Orientaciones para decorar reciclando, cocinar para eventos o mantener entretenido a tu hijo, etc.

Guías prácticas dirigidas a todas aquellas actividades que no son trabajo ni tareas domésticas esenciales. Juegos, viajes, en definitiva, hobbies que nos hacen disfrutar de nuestro tiempo libre.

Guías para aprender o perfeccionar nuestra técnica en deportes o actividades físicas escritas por los mejores profesionales de la forma más instructiva y sencilla posible,

EDITATUM

Libros para crecer

www.editatum.com